NEW YORK

Sunset

DIE BESTEN REZEPTE ZUR BLAUEN STUNDE

FOOD & DRINKS AUS DEN SCHÖNSTEN ROOFTOP BARS

SUSANN KREIHE • FOTOGRAFIE AMALIJA ANDERSONE

NEW YORK

Sunset

DIE BESTEN REZEPTE ZUR BLAUEN STUNDE

FOOD & DRINKS AUS DEN SCHÖNSTEN ROOFTOP BARS

CHRISTIAN

INHALT

WELCOME TO THE CITY THAT NEVER SLEEPS

Kaum einer hat es so treffend formuliert, wie Frank Sinatra in seinem Song »New York, New York«. *I want to wake up in a city that never sleeps.* Die Stadt, die niemals schläft! Ein viel zitierter, sehr wahrer Satz. Tauchen Sie in diesem Buch ein in das Nachtleben der quirligen Metropole. Erleben Sie New York, wie Sie es vielleicht noch nie gesehen haben. Von oben! Von einigen der schönsten Rooftop Bars aus und mit dem Blick von den Dächern New Yorks. Wir haben das Licht der blauen Stunde eingefangen und für Sie festgehalten. Für einen Moment taucht dieses Licht die Welt in eine berauschende Stimmung. Ein Phänomen, welches uns die Natur schenkt. Nehmen Sie dieses Geschenk mit all seiner Romantik und Melancholie. Wenn die Dämmerung beginnt und ein hektischer Tag zu Ende geht, ist es Zeit, sich verwöhnen zu lassen. Mit einem klassischen Old Fashioned die Seele baumeln lassen. Mit dem »Sex and the City«-Liebling Cosmopolitan ins Nachtleben starten. Alles ist möglich. Die originalen Cocktail-Rezepte der Rooftop-Bar-Keeper und die trendigsten Mixgetränke der Stadt genießen Sie am besten in Kombination mit den Snacks und Spezialitäten der angesagten Barküche. Lassen Sie sich von den erstklassigen und bestechend schönen Bilder der Fotografin Amalija Andersone in das abendliche New York entführen.

Susann Kreihe

EINLEITUNG

NEW YORK – DIE LIFESTYLE-METROPOLE

Um New York zu verstehen, muss man die Stadt erlebt haben, hört man oft. Sie ist facettenreich, quirlig und laut. Mit seinen mehr als acht Millionen Einwohnern bietet New York alles, was das Herz begehrt. Vom Central Park, dem grünen Herzen der Stadt, über kulturelle Vielfalt, die ihresgleichen sucht, bis hin zu einem atemberaubenden Nachtleben. Die ausgewählten Rooftop Bars sind ein Querschnitt durch die New Yorker Barszene. Gemütlich, stylisch, hip, extravagant oder einfach nur genial.

Auf dem Weg zur Arbeit, zur nächsten Pilates- oder Yoga-Stunde oder zum Gemüsekauf auf dem Farmer's Market. Das Leben in New York ist schnell und schonungslos. Daher gibt's morgens den Kaffee und die Acai Bowl *for take away.* Wer aber Zeit hat, genießt das Frühstück mit Freunden im Café. Den Touristen geht es da ganz ähnlich. Um möglichst viel von der Stadt und den Sehenswürdigkeiten zu erleben, bleibt keine Zeit für einen großen Brunch. Umso mehr freut sich der New Yorker, egal ob gebürtig, zugezogen oder zu Besuch, den Alltag und die Arbeit hinter sich zu lassen. Auch als Tourist ist man nach vielen Kilometern Sightseeing, Shopping und Kulturgenuss reif für etwas Entspannung. Hoch hinaus ist das Motto des allabendlichen Phänomens, wenn sich die New Yorker auf den Weg zum Feierabendcocktail machen. Das ist auch der Grund, warum es nicht immer einfach ist, einen Platz zu bekommen. Eine Reservierung in einer der zahlreichen Rooftop Bars ist keine Pflicht, aber durchaus empfehlenswert. Sie müssen sich auch nicht extravagant kleiden. Meist ist *casual chic* **völlig ausreichend. Dresscodes finden sich aber** immer auch online auf der jeweiligen Homepage, ebenso wie Reservierungsempfehlungen.

Eine Stadt am Puls des Lebens. 24/7 ist hier etwas los. Keine freie Minute, lautes Hupen, hektisches Treiben. Das Leben in New York ist … atemberaubend schön.

EIN KURZER AUSFLUG DURCH DIE NEW YORKER VIERTEL

Die **Bronx** ist vor allem als Entstehungsort des Hip Hop und Breakdance bekannt. Da die Hispanics etwas mehr als die Hälfte der Einwohner ausmachen, ist es nicht verwunderlich, dass man dort Spezialitäten aus der Karibik, Süd- und Mittelamerika und Spanien finden kann. Sehr zu empfehlen ist der Bronx Zoo, der mit über 4300 Tieren der größte Zoo New Yorks ist.

Manhattan ist aufgrund seiner Sehenswürdigkeiten bei Besuchern und Touristen sehr beliebt und setzt sich wiederum aus vielen kleinen Vierteln zusammen:

In **Lower Manhattan** befindet sich der Financial District mit der Wall Street. Das neue One World Trade Center steht an der Stelle der beiden Türme des ehemaligen World Trade Centers, die bei den Anschlägen am 11. September 2001 eingestürzt sind. Gleich daneben beeindruckt das 9/11 Memorial.

In **Chinatown** erlebt man vielfältige exotische Gerüche, ursprüngliches Essen und buntes Treiben. Hier kann man Asien live spüren. In Chinatown sprechen Chinesen noch chinesisch, Schriftzeichen gibt es, wohin das Auge reicht, und knusprige Peking-Enten locken in den Schaufenstern. Das dürfen Sie nicht verpassen. Daneben lädt **Little Italy** zu Cappuccino und frischer Pasta ein.

SoHo (die Abkürzuung für »South of Houston Street«) **einst** Viertel der Künstler und heute eine erstklassige, wenn auch meist teure Shopping-Gegend. Hier befindet sich der legendäre **Broadway**, eine fast 20 Kilometer lange Straße, die für Ihre Theater bekannt ist.

Greenwich Village, frei von Wolkenkratzern, besticht durch prachtvolle Häuser aus dem 19. Jahrhundert. Östlich davon liegt das sehr viel jüngere **East Village,** eigentlich ein Künstlerviertel, das durch gestiegene Mieten die Künst-

ler hat weiterziehen lassen. Günstig speisen kann man hier allemal, egal ob arabisch, türkisch, griechisch oder indisch. Die **Lower East Side,** ursprünglich von europäischen Einwanderern geprägt, zeigt sich heute mit Kunst-Galerien, edlen Boutiquen und ungewöhnlichen Bars in einem neuen Gewand. In **Midtown** steht Hochhaus an Hochhaus, dazwischen findet das hektische Treiben der arbeitenden Gesellschaft statt. Zwei besondere Wolkenkratzer sollten hier unbedingt Erwähnung finden. Das Chrysler Building in seiner Art-déco-Gestalt und das Empire State Building, eines der Wahrzeichen von New York. Neben dem Museum of Modern Art (MOMA) können Sie hier das Rockefeller Center, gedacht als »Stadt in der Stadt«, besuchen und natürlich das Luxus-Hotel schlechthin, das berühmte Waldorf Astoria.
Die Residenzen des vornehmen und eleganten Bürgertums liegen in **Upper Manhattan.** Immer noch an den herrschaftlichen Gebäuden mit den *doormen* zu erkennen. Namhafte Museen und Kultur-Highlights wie das Guggenheim Museum oder das Metropolitan Museum sind sehr sehenswert. Der Central Park ist das Grüne Herz New Yorks, dort wird gesportelt was das Zeug hält: rudern, Rad fahren, joggen, eislaufen oder inlineskaten. Café, Konzerte oder ein Besuch im Zoo gehören ebenso dazu.
Das flächenmäßig größte Viertel New Yorks ist **Queens.** Geprägt ist es durch seine Bewohner, von denen mehr als die Hälfte im Ausland geboren sind. Diese Fülle an Kulturen hat einen *melting pot* an kulinarischen Highlights erschaffen. Mexikanische, indische, italienische, griechische, orientalische, karibische und asiatische Einflüsse kann man erleben, um nur einige wenige aufzuzählen. Keinesfalls verpassen sollten Sie das Architekturmodell »Panorama of the City New York«, eine Weltstadt im Maßstab 1:200.

Brooklyn ist jung und modern. Viele Kreative zieht es dorthin. Ein bemerkenswerter Spaziergang über den Fußweg der Brooklyn Bridge oder eine Führung durch die Brooklyn Brewery sind zu empfehlen. Am Ufer des Brooklyn Bridge Parks hat man einen sensationellen Blick auf die Skyline von Manhattan – einfach mal die blaue Stunde abwarten und genießen!
Als südlichster Stadtteil New Yorks hat **Staten Island** einiges zu bieten. Die kostenlose Überfahrt mit der Fähre ermöglicht einen wunderbaren Blick auf die Skyline Manhattans. Und natürlich bietet sich diese Fahrt an, um in Ruhe und mit dem besten Blick die Freiheitsstatue zu betrachten. Mit dem New York Wheel plant die Stadt ein 192 Meter hohes Riesenrad in Staten Island zu errichten. Das Postcards-Memorial-Denkmal besteht aus zwei riesigen Engelsflügeln, die genau auf die Lücke ausgerichtet sind, in der einst die Zwillingstürme des World Trade Centers in der Skyline von Lower Manhattan zu sehen waren.

DIE ROOFTOP BARS ÜBER NEW YORK

Sie bringen zusammen, was das Leben lebenswert macht. Und das nicht nur in New York. Viele Metropolen haben das besondere Flair **über den Dächern** für sich entdeckt. Das hippe, stylische oder gemütliche Beisammensein am Abend. Die Straßen sind eng und voll. Was liegt da näher, als hoch hinaus zu wollen. Bestens geeignet sind dafür die Bars, die auf den Wolkenkratzern einen Ausblick bieten, der seinesgleichen sucht. Natürlich kann man auch von Aussichtsplattformen aus, wie der des Empire State Buildings oder des One World Trade Centers, die Stadt von oben betrachten. Oft finden sich aber auch auf den Hotels tolle Aussichtsterrassen inklusive Bar. Sie sind dort auch willkommen, wenn Sie nicht im Hotel übernachten. Der Feierabendcocktail, nach dem die New Yorker lechzen, schmeckt sommers wie winters mit dem Blick auf eine fantastische Skyline. Im Sommer sind die Bars mit Sonnensegeln oder üppiger Pflanzenpracht beschattet, im Winter bieten Lounge-Ecken mit Decken und Heizstrahlern wohlige Wärme. Mit einem Drink in der Hand und in geselliger Runde ist der Erholungsfaktor gleich mit inbegriffen.
Eine ganz eigene Welt ist da entstanden. Eine Welt mit Ausblick, eine Welt zum Träumen und genießen. In einer Rooftop Bar ist man nie allein. Denn Sie treffen dort immer Gleichgesinnte. Die allermeisten Bars gewähren erst ab 21 Jahren Einlass. Am Eingang wird man nach dem Personalausweis gefragt, in Amerika die *ID card.*

Was eine Rooftop Bar ausmacht? Ein sensationeller Blick, außergewöhnliche Cocktails, trendiges Bar-Food und eine tolle Einrichtung. Die einen Bars überzeugen mit einem Rundumblick, andere mit Terrassen, die zu zwei unterschiedlichen Seiten ausgerichtet sind, wie die The Crown Rooftop Bar in Chinatown. In einigen Bars legen bis in die Nacht hinein DJs auf, in anderen können Sie eine Runde im Pool schwimmen.

NEW YORKER COCKTAILS

Ob der Name *cocktail* tatsächlich vom Hahnenkampf abgeleitet wurde und damit die geschmückten Hähne gemeint waren, ist nicht sicher. Geschichten darüber gibt es viele. In einigen Cocktail-Logos findet sich die versinnbildlichte Hahnenfigur jedoch wieder. Cocktails sind das Aushängeschild einer jeden Bar. Cocktails erzählen Geschichten. Von dem Ort ihrer Entstehung oder dem Erfinder oder dem, für den er erfunden wurde. Sie tragen Fantasienamen oder aber man kann vom Namen den Inhalt ableiten.

Cocktails bestehen immer aus einer oder mehreren Basisspirituosen und weiteren Aromen. Die bekanntesten und überwiegend verwendeten sind Whiskey, Gin, Rum, Wodka und Tequila. Gemixt, gerührt oder aufgegossen u. a. mit Säften, Likören, Bitters (das sind bittere und würzige Tinkturen; etwa Angosturabitter) oder Soda ergeben sie schmackhafte Getränke für die nächtlichen Stunden.

Auch in New York ist die Happy Hour beliebt und zu empfehlen. In den meisten Bars sind die Preise sehr hoch. Es lohnt sich also, die Happy Hour zu nutzen.

ESSEN ÜBER DEN DÄCHERN

Kulinarische Abwechslung ist in New York an jeder Ecke zu finden. Die vielen Nationen prägen den Food-Charakter. Das schließt auch die Rooftop Bars mit ein. Asiatische, südamerikanische, afrikanische oder **europäische Genüsse,** die **über die Jahre** dem Lebensstil der New Yorker und deren Zeitgeist angepasst wurden. In den Bars findet sich nicht immer eine vielseitige Karte mit Speisen. In einigen Rooftop Bars werden lediglich kleine, köstliche Knabbereien angeboten. Wie die Mixed Nuts and Olives (S. 18), Chips and Guacamole (S. 124) oder Handcut Truffle Fries (S. 80). Wer leicht und lecker in den Abend starten möchte, ist mit Kale and Brussels Salad (S. 94) oder Summer Beet Hummus (S. 134) sehr gut beraten. Klassisch amerikanische Lieblinge sind Sliders (S. 82), kleine Burger, von denen man durchaus auch mehr als einen essen darf. Saftig belegt und mit soften, selbst gemachten Buns eine Delikatesse. Asia-Fans können sich an Crispy Tuna Rice (S. 50), Miso glaced Salmon (S. 28) oder Spicy Shishitos (S. 158) satt essen. Tacos, Quesadillas und Empanadas lassen die südamerikanischen Herzen höher schlagen. Und was wäre ein kulinarischer Abend ohne Dessert? Spanische Churros (S. 138), Boozy Cupcakes (mit viel Alkohol und deshalb nur für Erwachsene; S. 152) oder Coconut Tres Leches (S. 62) liefern einen gelungenen Abschluss, bevor es weiter in das Nachtleben geht.

DIE BLAUE STUNDE

Wenn der Tag zur Nacht wird, liegt nur ein kurzer Moment dazwischen, der uns innehalten und staunen lässt. Die Natur verzaubert sich selbst, ausgelöst durch ein grandioses Lichtschauspiel. Ein besonderes Phänomen, dessen Reiz durch die spektakuläre Färbung des Himmels zwischen Sonnenuntergang und der eigentlichen nächtlichen Dunkelheit hervorgerufen wird. Ein stärkentiefes Blau mischt sich mit einem warmen Orange. Das Spektrum des Lichts verändert sich. Diesem Reiz kann man nicht entgehen. Maler, Künstler, Autoren, Fotografen – viele ließen und lassen sich davon inspirieren.

Fotografen nutzen diesen Moment gern, um bemerkenswerte Bilder zu schaffen. Romantik ist etwas, das man eher mit Paris verbindet, aber dieses ungewöhnliche Licht lässt sogar das laute und hektische New York in einem romantischen und verträumten Bild erscheinen. Auch wenn es blaue »Stunde« heißt, bleiben einem zum Träumen in diesem Ambiente meist nur 20–50 Minuten.

THE FOOD

Allein wegen der Aussicht auf das Empire State Building lohnt ein Besuch der »Cloud Social Rooftop Bar«.

CLOUD SOCIAL ROOFTOP BAR

Manhattan

Die kleine, kultivierte Bar in Midtown im 17. Stock des Nyma Hotels hat einen mit Glas überdachten und einen offenen Bereich. Noch wird sie als Geheimtipp gehandelt! Hier finden sich in entspannter Atmosphäre sowohl Einheimische als auch Touristen ein, die einen, um den Arbeitstag bei einem Drink mit Freunden oder Kollegen ausklingen zu lassen, die anderen vor allem, weil man von hier aus einen großartigen Blick auf einige der bekanntesten Sehenswürdigkeiten von New York hat, insbesondere auf das Empire State Building, das ganz in der Nähe in den Himmel aufragt.

▶ *www.cloudsocialnyc.com*

Jean Pierre
Hair Salons

THE HAIER BUILDING
ONLY

Mixed Nuts AND OLIVES

Die perfekten Snacks zum Start in die Nacht – mit einem Hauch Schärfe versprechen sie aufregende Stunden. Dieses Rezept stammt aus der wunderbaren Bar »Cloud Social« (siehe Seite 14–15).

Für 4 Personen
Zubereitungszeit: etwa 10 Minuten + über Nacht Ziehen | Röstzeit: 10–15 Minuten

FÜR DIE NÜSSE
100 g Cashewkerne
100 g ganze Mandeln in der Schale
100 g Erdnusskerne
2 Eiweiß
1 TL Meersalzflocken
4 TL Wasabipulver

FÜR DIE OLIVEN
3 Knoblauchzehen
½ unbehandelte Zitrone
300 g grüne Oliven
1 TL Chiliflocken
100 ml Olivenöl

1 Den Backofen auf 160 °C Ober-/Unterhitze (140 °C Umluft) vorheizen. Die Kerne und Nüsse mit dem Eiweiß, dem Salz und dem Wasabipulver in einer Schüssel mischen. Auf einem mit Backpapier ausgelegten Backblech verteilen. Im vorgeheizten Backofen auf der mittleren Schiene 10–15 Minuten rösten.

2 Auf dem Blech auskühlen lassen. In Vorratsdosen füllen. Die Nüsse sind gut verschlossen 1–2 Wochen haltbar.

3 Für die Oliven den Knoblauch abziehen und in Scheiben schneiden. Die Zitrone waschen, trocken tupfen und die Schale mit dem Sparschäler dünn abschälen. Die Oliven mit dem Knoblauch, der Zitronenschale, den Chiliflocken und dem Olivenöl in Schraubgläser füllen. Gut schütteln und über Nacht durchziehen lassen.

4 Die Oliven sind 2–3 Tage im Kühlschrank haltbar. Zum Servieren die Nüsse und die Oliven in Schalen verteilen und servieren.

230 FIFTH ROOFTOP

Manhattan

Direkt am Madison Square Park findet man New Yorks größten Rooftop Garten mit angschlossener Penthouse Lounge. Unter Palmen und mit einem einzigartigen Blick auf die Midtown lässt sich der Abend hier entspannt bei einem Himbeer Mojito oder einem klassischen Gin Tonic ausklingen. Dazu bietet die kleine, aber feine Speisekarte saftige Burger, frischen Thunfischsalat und handgemachte Pommes frites. Die **230 Fifth** Rooftop Bar ist eine grüne Oase im Herzen der Stadt, die durch schickes Ambiente, leckere Cocktails und frisch zubereitetes Barfood zu einem echten Must für den Feierabend wird. ▶ *www.230-fifth.com*

Die 230 Fifth Rooftop Bar ist eine grüne Oase im Herzen der Stadt, die durch schickes Ambiente, leckere Cocktails und frisch zubereitetes Barfood zu einem echten Must für den Feierabend wird.

Südsee-Style und New Yorker Coolness – im »Good Behavior« findet sich beides.

GOOD BEHAVIOR

Midtown / Manhattan

Zum Hotel »Made« gehören das Restaurant »Ferris« und – im 18. Stockwerk – die kleine, aber überaus lohnende Rooftop Bar »Good Behavior«. Hier gibt es Tiki-Cocktails, »Cocktails to share« und eine tolle Auswahl an Craft-Bieren. Man kann drinnen und draußen sitzen und den Blick über das Empire State Building und Manhattan schweifen lassen. Wer könnte sich einen besseren Ausklang eines Abends in New York wünschen? ▶ *www.madehotels.com/eat-drink*

Kale Garden SALAD

Grünkohl gilt als das Superfood aus dem Gemüsegarten. Ein Salat mit Vitamin-Kick für den Körper und einer überraschenden Kombination aus Cranberrys und Fetakäse.

Für 4 Personen
Zubereitungszeit: 20 Minuten

250 g frischer Grünkohl
150 g frischer Rotkohl
1 TL Honig
4 EL Aceto balsamico
40 g getrocknete Cranberrys
Salz
frisch gemahlener schwarzer Pfeffer
5 EL Olivenöl
2 Scheiben Pumpernickelbrot (oder Vollkorntoast)
50 g Kürbiskerne
150 g Feta

1. Den Grünkohl putzen, die dicken Blattrippen entfernen und die Blätter klein zupfen. Gründlich waschen und trocken schleudern. Den Rotkohl putzen, waschen und dünn hobeln. Beides in einer Schüssel mischen.

2. Für das Dressing den Honig, den Balsamico und die Cranberrys in einem kleinen Topf aufkochen. 1 Minute unter Rühren köcheln lassen, beiseitestellen und mit Salz und Pfeffer würzen. 3 EL Olivenöl unterrühren.

3. Das Brot würfeln und in einer Pfanne im übrigen Olivenöl (2 EL) etwa 2 Minuten unter Wenden anbraten. Die Kürbiskerne hinzufügen und weitere 1–2 Minuten mit dem Pumpernickel bzw. dem Vollkorntoast rösten.

4. Den Feta würfeln. Das Dressing zum Grünkohl geben und vermengen. Den Grünkohl in Salatschalen füllen. Den Feta, die Kürbiskerne und das Brot darauf verteilen und servieren.

Grilled Chicken SANDWICH

Einer der Sandwich-Klassiker aus den USA! Saftiges Hähnchen mit cremiger Knoblauchmayonnaise und würzigem Rucola. Selbst gemacht schlägt dieses Sandwich die Fastfood-Sandwiches um Längen.

Für 4 Personen
Zubereitungszeit: 30 Minuten

FÜR DIE AIOLI
2 Knoblauchzehen
½ unbehandelte Zitrone
1 Eigelb
1 TL mittelscharfer Senf
100 ml neutrales Pflanzenöl
Salz
Cayennepfeffer
1 Prise Zucker

FÜR DAS SANDWICH
2 Hähnchenbrustfilets
Salz
frisch gemahlener schwarzer Pfeffer
2 TL getrockneter Oregano
1 EL Olivenöl
2 Tomaten
100 g Rucola
4 Vollkorn-Buns
4 Scheiben Käse
(Gouda oder Fontina)

1 Für die Aioli den Knoblauch abziehen und vierteln. Die Zitrone waschen, trocken tupfen und die Schale fein abreiben. Den Saft der Zitrone auspressen. Das Eigelb mit dem Knoblauch, der Zitronenschale und dem Senf in einen hohen Mixbecher geben. Mit dem Öl auffüllen. Den Pürierstab auf den Boden des Bechers setzen. Langsam von unten nach pürieren, bis eine weiße, cremige Mayonnaise entstanden ist. Mit Salz, Cayennepfeffer, Zucker und 1–2 EL Zitronensaft würzen. Die Aioli kalt stellen.

2 Für das Sandwich die Filets einzeln in einen Gefrierbeutel legen und flach klopfen. Aus dem Beutel nehmen und mit Salz, Pfeffer und Oregano würzen. Eine Pfanne oder Grillpfanne erhitzen. Das Olivenöl darin verteilen, das Fleisch hineinlegen und mit einem Topf beschweren. Von jeder Seite 1–2 Minuten scharf anbraten. Aus der Pfanne nehmen und abgedeckt 2 Minuten ruhen lassen.

3 Die Tomaten waschen, Stielansatz entfernen und die Tomaten in dünne Scheiben schneiden. Den Rucola waschen und trocken tupfen. Die Vollkorn-Buns aufschneiden. Beide Hälften mit Zitronen-Aioli bestreichen. Die Hähnchenbrust in passende Stücke schneiden und auf die untere Seite legen. Mit Tomaten, Rucola und Käse belegen. Die obere Bunseite auflegen und gut andrücken.

4 Die Sandwiches in der vorgeheizten Grillpfanne mit einem Topf beschwert oder im Kontaktgrill in etwa 2 Minuten knusprig grillen. Heiß servieren.

Miso glaced SALMON

Lachs liebt Miso! Eine gelungene Kombination aus würzig-scharfer Marinade und perfekt vorzubereiten, um sich in Ruhe für die After-Work-Party zu stylen.

Für 4 Personen
Zubereitungszeit: 40 Minuten + 4–6 Stunden Marinieren

3 Knoblauchzehen
30 g Ingwer
1–2 TL Misopaste
3 EL Honig
4 EL Sojasauce
4 Lachsfilets (à 200 g), Mittelstück ohne Haut
1 Bund Lauchzwiebeln
3 Karotten
250 g Rotkohl
½ Chinakohl
2 EL geröstetes Sesamöl
Salz
frisch gemahlener schwarzer Pfeffer
Saft von 1 Limette
1 EL Sesamsamen

1 Die Knoblauchzehen abziehen, den Ingwer schälen und beides fein hacken. Mit der Misopaste, dem Honig und der Sojasauce zu einer Marinade verrühren. Die Lachsfilets mit der Marinade in einen verschließbaren Gefrierbeutel füllen und im Kühlschrank 4–6 Stunden marinieren.

2 Die Lauchzwiebeln putzen, waschen und schräg in 3 cm dicke Stücke schneiden. Die Karotten waschen, schälen und schräg in dünne Scheiben schneiden. Den Rotkohl und den Chinakohl waschen und in dünne Streifen schneiden. Den Backofen auf 80 °C Ober-/Unterhitze vorheizen.

3 Eine Pfanne bei mittlerer Temperatur erhitzen. Den Lachs aus der Marinade nehmen, abtropfen lassen und die Marinade auffangen. 1 EL Sesamöl in die heiße Pfanne geben und die Lachsfiletstücke darin von jeder Seite 2–3 Minuten braten. Den Fisch in eine ofenfeste Form legen und im vorgeheizten Backofen auf der mittleren Schiene 10 Minuten ziehen lassen.

4 In der Zwischenzeit die Marinade in einem kleinen Topf 5 Minuten dickflüssig einkochen. Inzwischen einen Wok erhitzen. 1 EL Sesamöl hineingeben, den Rotkohl und die Karotten darin unter Wenden scharf anbraten. Das Gemüse an die Seite schieben. Die Lauchzwiebeln und den Chinakohl hinzufügen und 2 Minuten anbraten. Das Gemüse mischen und mit Salz, Pfeffer und Limettensaft würzen. Mit dem Sesam bestreuen.

5 Die Lachsfilets aus dem Ofen nehmen und mit dem Wokgemüse anrichten. Den Lachs mit der Marinade beträufelt servieren.

Spicy Fish SUMMER ROLLS

Lachs und Thunfisch in ihrer besten Rolle! Leuchtend rotes Lachsfilet, sonnengelbes Mangofruchtfleisch und zarter Sushireis. Damit ist dieses Gericht nicht nur ein kulinarischer, sondern auch ein optischer Genuss.

Für 2 Personen (4 Rollen à 6 Stücke)
Zubereitungszeit: 30 Minuten

FÜR DIE SALMON AVOCADO ROLL

½ Avocado
70 g Lachsfilet, ohne Haut (Sushiqualität)
1 Nori-Blatt (Algenblatt)
½ Portion lauwarmer Sushireis (S. 50)
2 TL Wasabipaste
4 TL Sesamsamen
1 TL Schwarzkümmel

FÜR DIE CRISPY TUNA MAKI

25 g Mehl
25 g Speisestärke
½ TL Backpulver
Pflanzenöl zum Frittieren
¼ Salatgurke
½ Mango
70 g Thunfischfilet (Sushiqualität)
2 Nori-Blätter
2 EL Mayonnaise
1 TL Chilipaste
Tempura-Brösel zum Wälzen
2 EL Masago (Fischrogen)

AUSSERDEM

Wasabipaste
Sojasauce
eingelegter Ingwer

1 Für die Salmon Avocado Roll die Avocado halbieren, entkernen, schälen und in Scheiben schneiden. Das Lachsfilet in dünne Streifen schneiden. Das Nori-Blatt halbieren und mit Reis belegen. Wenden und auf ein Stück Frischhaltefolie legen. Die beiden Blätter mit Wasabi bestreichen, Lachs und Avocado längs darauf verteilen. Aufrollen, die Frischhaltefolie um den Reis legen und mithilfe einer Bambusmatte viereckig in Form bringen. Die Rollen in Sesam und Schwarzkümmel rollen und je in sechs Stücke schneiden.

2 Für die Crispy Tuna Maki das Mehl mit Stärke, Backpulver und 60 ml Wasser verrühren. In einem kleinen Topf 1–2 cm hoch Pflanzenöl erhitzen (auf 160–170 °C). Den Teig mit einem Teelöffel in das heiße Fett tröpfeln und darin goldbraun backen. Mit einem Schaumlöffel herausheben und auf Küchenpapier abtropfen lassen.

3 Die Gurke waschen, schälen, längs halbieren, entkernen und in Streifen schneiden. Die Mango schälen und das Fruchtfleisch vom Kern schneiden. Die Scheiben in Streifen schneiden. Das Thunfischfilet in Streifen schneiden. Die Nori-Blätter jeweils auf eine Bambusmatte legen und mit dem Reis bedecken. Gurke, Mango und Thunfisch längs darauf verteilen. Mayonnaise und Chilipaste mischen und darüberträufeln. Die Tempura-Brösel darüberstreuen. Jedes Nori-Blatt mithilfe einer Bambusmatte von der Längsseite her aufrollen. Die Rollen im Fischrogen wenden und je in sechs Stücke schneiden.

4 Die Sushi Rolls mit Wasabi, Sojasauce und eingelegtem Ingwer servieren.

Red Velvet CAKE

Die außergewöhnliche Farbe entsteht durch die Kombination von Backkakao und der säuerlichen Buttermilch. Hochwertige Speisefarbe macht die Farbe noch intensiver.

Für 1 Kuchen (12 Stücke)
Zubereitungszeit: 30 Minuten + jeweils 2 Stunden (Ab-)Kühlen | Backzeit: 20–25 Minuten

FÜR DEN BODEN
120 g weiche Butter
300 g brauner Zucker
1 Pck. Vanillezucker
3 Eier (M)
100 ml neutrales Pflanzenöl
1 geh. TL Kakao
2½ TL flüssige rote Lebensmittelfarbe
300 g Weizenmehl Type 405
1 TL Natron
2 Prisen Salz
250 ml Buttermilch

FÜR DAS FROSTING
120 g weiche Butter
100 g Puderzucker
400 g Doppelrahmfrischkäse
Saft von ½ Zitrone

1 Alle Zutaten rechtzeitig aus dem Kühlschrank nehmen, damit sie zur Verwendung Zimmertemperatur haben. Den Backofen auf 180 °C Ober-/Unterhitze (160 °C Umluft) vorheizen. Ein Backblech mit Backpapier auslegen, dabei die Ränder an den Seiten nach oben falten.

2 Für den Boden die Butter mit dem Zucker und dem Vanillezucker in einer Schüssel mit dem Rührgerät in 5 Minuten schaumig rühren. Die Eier einzeln unterschlagen. Das Öl mit dem Kakao und der Lebensmittelfarbe verrühren und zur Eiermasse geben. Das Mehl mit Natron und Salz mischen. Die Hälfte davon und die Hälfte der Buttermilch zur Eiermasse geben und gut unterrühren. Den Rest ebenso hinzugeben und den Teig glatt rühren.

3 Die Masse auf dem vorbereiteten Backblech gleichmäßig verteilen. Im vorgeheizten Backofen auf der mittleren Schiene 20–25 Minuten backen. Die Stäbchenprobe machen, aus dem Ofen holen und den Boden vollständig abkühlen lassen.

4 Für das Frosting die Butter mit dem Puderzucker in 5 Minuten weißcremig aufschlagen. Den Frischkäse und 1–2 EL Zitronensaft zugeben und unterschlagen.

5 Den abgekühlten Boden vom Backpapier lösen, halbieren und die Oberfläche mit einem Messer begradigen. Die Kuchenreste beiseitestellen. Die beiden Hälften mit der Creme bestreichen und aufeinandersetzen. Die Kuchenreste zerkrümeln und darüberstreuen. Den Kuchen vor dem Servieren 2 Stunden kalt stellen.

Brownie
ICE CREAM SUNDAE

Brownie und Sundae sind Klassiker der New Yorker Desserts. Dies ist wohl die sündigste Versuchung aus Eiscreme, Karamell und saftigem Brownie. Nicht nachdenken, nur genießen!

Für 4 Personen
Zubereitungszeit: 10 Minuten

100 g süße Sahne
100 g schokolierte Nüsse oder Mandeln
4 Stück saftiger Schokoladen-Brownie (à 4 × 4 cm)
4 große Kugeln Eiscreme (Lieblingssorte)
4 EL Karamellsauce

Die Sahne in einer Schüssel halb steif schlagen. Die schokolierten Nüsse grob hacken. Den Brownie in Stücke brechen und in Dessertgläser verteilen. Das Eis und die geschlagene Sahne daraufgeben.
Mit Karamellsauce beträufeln und die gehackten Nüsse darüberstreuen.

Sketching
Can You Sketch?

*Wer mutig genug ist,
betritt den berüchtigten
Glasboden, unter dem es
31 Stockwerke in die Tiefe geht.*

THE HEIGHTS AT ARLO NOMAD HOTEL

Midtown Manhattan

Auf dem stylischen Arlo NoMad Hotel mit seinen gut durchdachten, spielerisch eingerichteten kleinen Zimmern liegt in Midtown nördlich vom Madison Square Park die Rooftop Bar The Heights. Die Aussicht sowohl nach Uptown als auch nach Downtown ist atemberaubend, ebenso der Blick aufs Empire State Building. The Heights hat eine umfangreiche Cockailkarte mit eigenen Kreationen. Hier kann man es sich mit einem Drink gemütlich machen und eine der exzellent zubereiteten Speisen genießen, und wer mutig genug ist, betritt den berüchtigten Glasboden, unter dem es 31 Stockwerke in die Tiefe geht. ▶ *www.theheightsarlonomad.com*

THE HEIGHTS

CONTINUOUS SERVICE

Magid
HANDBAGS
EVENING
COCKTAIL
RESORT
STRAW
BAG CO
INC

Coffee Rubbed FISH TACOS

Kaffee zum Fisch? Geht das überhaupt? Wir sagen: Aber klar! Unbedingt ausprobieren, denn die würzig-herbe Fischfüllung passt bestens zur fruchtigen Salsa.

Für 4 Personen
Zubereitungszeit: 35 Minuten + 2 Stunden Marinieren

FÜR DEN FISCH

1 TL Kaffeebohnen
½ TL schwarze Pfefferkörner
½ TL Kreuzkümmel
½ TL Chilipulver
1 TL Salz
1 TL brauner Zucker
8 weiße Fischfilets (Heilbutt, Seelachs oder Kabeljau; à 80–100 g), ohne Haut
2 EL Olivenöl

FÜR DIE ANANASSALSA

1 Babyananas
1 Tomate
1 kleine Chilischote
20 g Ingwer
½ Bund Koriander
Saft von 1 Limette
2 EL Olivenöl
Salz
frisch gemahlener schwarzer Pfeffer

AUSSERDEM

1 Avocado
8 Maistortillas (15 cm Durchmesser)
3 EL Sauerrahm
2–3 TL Chilisauce
1 Limette, in Spalten geschnitten

1 Die Kaffeebohnen, den Pfeffer und den Kreuzkümmel in einer Pfanne ohne Fett 1–2 Minuten anrösten. Anschließend im Mörser zerstoßen. Mit dem Chilipulver, Salz und Zucker mischen. Die Fischfilets trocken tupfen und mit dem Rub bestreuen. Abgedeckt im Kühlschrank 2 Stunden marinieren.

2 Für die Salsa die Ananas schälen und klein würfeln. Die Tomate waschen, den Stielansatz entfernen und die Tomate würfeln. Die Chilischote waschen, entkernen und hacken. Den Ingwer schälen und fein reiben. Den Koriander waschen, trocken tupfen und hacken. Die Ananas mit Tomate, Chili, Ingwer, Koriander, Limettensaft und Olivenöl in einer Schüssel verrühren. Mit Salz und Pfeffer würzen. Beiseitestellen und durchziehen lassen.

3 Eine Pfanne erhitzen und das Olivenöl hineingeben. Die Fischfilets im heißen Öl von beiden Seiten 1–2 Minuten anbraten. Mit einer Gabel in grobe Stücke teilen. Die Avocado halbieren, entkernen und schälen. Die Hälften in Scheiben schneiden.

4 Die Tortillas mit Avocado, Ananassalsa und Fisch füllen. Mit etwas Sauerrahm und Chilisauce beträufeln. Die Limettenspalten dazu reichen.

Short Rib TACO

Die Short Ribs sind ein Zuschnitt aus der Blattrippe des Rinds. Ihr würziges, aber sehr bindegewebsreiches Fleisch wird durch das lange und langsame Garen weich und saftig.

Für 4 Personen
Zubereitungszeit: 25 Minuten + 1–2 Stunden Ziehen | Schmorzeit: 4 Stunden

FÜR DIE SHORT RIBS
1,5 kg Short Ribs (Querrippe, Zwerchrippe oder Spannrippe), in 5 cm dicke Stücke geschnitten
Salz
frisch gemahlener schwarzer Pfeffer
2 EL Olivenöl
200 ml Rinderbrühe
300 ml Craft Beer
4 Knoblauchzehen, mit Schale halbiert
2 TL brauner Zucker
1 Lorbeerblatt
2 TL Tomatenmark

FÜR DEN ROTKOHL
250 g Rotkohl
Salz
½ TL gemahlener Zimt
1 EL Olivenöl

AUSSERDEM
8 Maistortillas
3 EL Ricotta
3 EL Schnittlauchröllchen
2 EL eingelegte Jalapeños, in Scheiben geschnitten
1 Limette

1 Die Short Ribs großzügig mit Salz und Pfeffer würzen. Einen Bräter erhitzen, das Öl zugeben und die Ribs darin von allen Seiten bei mittlerer Temperatur in 10 Minuten braun anbraten. Inzwischen den Backofen auf 120 °C Ober-/Unterhitze (100 °C Umluft) vorheizen. Die Rinderbrühe, das Bier, den Knoblauch, den Zucker, den Lorbeer und das Tomatenmark hinzufügen. Aufkochen und mit 1 TL Salz würzen. Im vorgeheizten Backofen auf der zweiten Schiene von unten abgedeckt 4 Stunden schmoren.

2 Den Rotkohl putzen, waschen und in dünne Streifen hobeln und in eine große Schüssel geben. Mit 2 Prisen Salz, dem Zimt und dem Olivenöl vermengen und kräftig durchkneten. Abgedeckt im Kühlschrank 1–2 Stunden durchziehen lassen.

3 Die Short Ribs aus der Sauce nehmen und das Fleisch von den Knochen lösen. Die Maistortillas im Backofen kurz erwärmen, mit dem Ricotta bestreichen und das Fleisch mit etwas Sauce darauf verteilen. Rotkohl, Schnittlauch und Jalapeños daraufgeben und nach Belieben mit Limettespalten servieren.

Steak FLATBREAD

Das säuerliche Chimichurri und der würzige Gorgonzola bilden eine optimale Grundlage für einen langen Abend. Gleich noch die Cocktails für die Nacht auswählen.

Für 4 Personen
Zubereitungszeit: 40 Minuten + 1 Stunde 15 Minuten Gehen | Backzeit: 15 Minuten

FÜR DEN TEIG
150 g Weizenmehl Type 550 plus mehr zum Arbeiten
100 g Hartweizengrieß
1 TL Salz
1 Pck. Trockenhefe
2 EL Olivenöl

FÜR DAS CHIMICHURRI
1 Knoblauchzehe
1 eingelegte geröstete rote Paprikaschote
25 ml Weißweinessig
½ Bund glatte Petersilie
1 TL Chiliflocken
Salz
50 ml Olivenöl

AUSSERDEM
150 g Gorgonzola
1 Gemüsezwiebel
60 g Butter
Meersalz
frisch gemahlener schwarzer Pfeffer
2 Zweige Rosmarin
2 Rindersteaks (aus dem Rücken, à 250 g)
4 EL Olivenöl

1 Für den Teig das Mehl mit Grieß, Salz und Hefe mischen. Das Olivenöl und 150 ml lauwarmes Wasser hinzufügen und alles zu einem glatten Teig verkneten. Abgedeckt 1 Stunde an einem warmen Ort gehen lassen.

2 Inzwischen für das Chimichurri den Knoblauch abziehen und halbieren. Die Paprika würfeln. Beides im Essig aufkochen. Beiseitestellen. Die Petersilie waschen, trocken schütteln und grob zerzupfen. Mit dem abgekühlten Essig, Chili und 2 Prisen Salz in einem hohen Mixbecher grob pürieren. Das Olivenöl unterrühren.

3 Den Backofen auf 210 °C Umluft vorheizen. Den Teig auf der bemehlten Arbeitsfläche in acht Stücke teilen und zu 1–2 cm dicken Fladen formen. Auf zwei mit Backpapier ausgelegte Backbleche verteilen und 15 Minuten gehen lassen. Das Chimichurri auf dem Teig verstreichen. Den Gorgonzola in Stücke zupfen und darüberstreuen. Im Backofen auf der untersten Schiene 15 Minuten backen.

4 Die Zwiebel abziehen und in dünne Ringe schneiden. In einer Pfanne in 30 g Butter goldbraun braten. Mit Salz und Pfeffer würzen. Den Rosmarin waschen, trocken tupfen und die Nadeln abzupfen. Die Steaks mit Salz und Pfeffer würzen. Olivenöl und Rosmarin in eine heiße Grillpfanne geben und die Steaks von beiden Seiten 2–3 Minuten scharf anbraten. Vom Herd nehmen, die übrige Butter (30 g) dazugeben und 5 Minuten ruhen lassen.

5 Die Flatbreads aus dem Ofen nehmen. Die Steaks in Scheiben mit der Zwiebel darauf verteilen. Mit Pfeffer und Salz bestreut servieren.

»Der perfekte Platz, um es sich an einem lauen Sommerabend mit einem Old Fashioned gemütlich zu machen …«

Harper's Bazaar

THE ROOF

Central Park / Manhattan

»The Roof« krönt das Dach des Hotels »Viceroy« am Central Park. Das Interior Design soll ganz bewusst an eine Yacht erinnern – mit Schiffsparkett und Sesseln aus Walnussholz und Leder. Die Wände zieren Fotografien von Meer und Wolken, sie stammen von Dalton Portella. Auf der Getränkekarte finden sich sorgfältig ausgewählte Craft-Biere und -Spirits, feine Weine und Cocktails – Klassiker ebenso wie moderne Kreationen. Die Gerichte werden nach Marktangebot frisch zusammengestellt. Mit dem grandiosen Blick über den Central Park bleiben keine Wünsche mehr offen. ▶ *www.theroofny.com*

Crispy Tuna RICE

Sushi im neuen Gewand als trendiger Party-Snack, kennt man Klebereis doch eher gedämpft oder gekocht. Hier überzeugt er mit einer knusprigen Schale und weichem Kern.

Für 2 Personen
Zubereitungszeit: 25 Minuten + 10 Minuten Quellen | Garzeit: 20 Minuten

FÜR DEN SUSHIREIS
150 g Sushireis
2 EL Reisessig
2 EL Zucker
Salz
3 EL Sesamöl
50 ml Sojasauce

AUSSERDEM
200 g Thunfischfilet (Sushiqualität)
3 EL Mayonnaise
Saft von ½ Limette
2 TL Chilisauce
2 Lauchzwiebeln

1 Den Reis in einer Schüssel in reichlich kaltem Wasser etwa 5 Minuten waschen. Das Wasser dabei zwei- bis dreimal wechseln. Sobald es klar bleibt, den Reis in ein Sieb abgießen.

2 Den Reis mit 150 ml Wasser in einem Topf bei niedrigster Temperatur 10 Minuten ziehen lassen. Anschließend 10 Minuten bei höchster Temperatur kochen. Zuletzt vom Herd nehmen und 10 Minuten abgedeckt ausquellen lassen. Den Reisessig mit dem Zucker und 1 TL Salz verrühren. Den Reis in einer Kunststoff- oder Glasschüssel mit dem Sushi Zu (Reis-Zucker-Mischung) vermengen. Abgedeckt abkühlen lassen.

3 Den Reis in den angefeuchteten Händen zu Würfeln (etwa 3 × 5 cm) formen. Eine Pfanne erhitzen, 1 EL Sesamöl hineingeben und die Reiswürfel darin in 1–2 Minuten hell anbraten. Die Sojasauce in eine flache Schale gießen, die angebratenen Reisstücke kurz hineinlegen und die Sojasauce aufsaugen lassen. Das übrige Sesamöl in der Pfanne erhitzen. Die Reiswürfel erneut anbraten, bis sie knusprig braun sind.

4 Den Thunfisch in dünne Scheiben schneiden und auf die Reiswürfel legen. Die Mayonnaise mit dem Limettensaft und der Chilisauce in einer kleinen Schüssel verrühren. Die Lauchzwiebeln putzen, waschen und in dünne Ringe schneiden. Den Crispy Tuna Rice auf einer Platte anrichten. Lauchzwiebeln und Mayonnaise über den Reiswürfeln verteilen.

Crispy ARTICHOKES

Diese ausgebackenen Artischocken sind die perfekte Alternative zu Chips. Und sie schmecken mindestens ebenso gut. Knusprig, nussig und in Kombination mit der vegetarischen Aioli ein toller Snack für zwischendurch.

Für 2 Personen
Zubereitungszeit: 25 Minuten

FÜR DIE AIOLI (OHNE EI)
3 Knoblauchzehen
100 ml Milch
200 ml neutrales Pflanzenöl
Salz
Saft von ½ Zitrone

FÜR DIE ARTISCHOCKEN
8 kleine Artischocken
etwa 150 ml Olivenöl
Meersalzflocken

1 Für die Aioli den Knoblauch abziehen und mit der Milch in einen hohen Mixbecher geben. Mit dem Stabmixer pürieren. Nach und nach das Öl einlaufen lassen und zu einer cremig weißen Mayonnaise aufschlagen. Mit Salz und Zitronensaft würzen und kalt stellen.

2 Die Artischocken waschen und trocken tupfen. Die Blattspitzen um etwa 2 cm kürzen. Die äußere Blattreihe abzupfen und die Stiele dünn schälen. Die Artischocken vierteln. Das Olivenöl bei mittlerer Temperatur in einer tiefen Pfanne erhitzen. Die Artischocken in zwei Portionen im heißen Olivenöl langsam knusprig und braun braten. Aus dem Fett heben und auf Küchenpapier abtropfen lassen. Mit Meersalz würzen und mit der Aioli servieren.

Die Aussicht auf die New Yorker Skyline ist schlicht umwerfend! Ein Postkartenpanorama, an dem man sich nicht sattsehen kann.

WESTLIGHT

Brooklyn

Wenn man die komplette New Yorker Skyline sehen will, bietet es sich an, über den East River zu fahren und die Stadt von Brooklyn aus zu betrachten. Das Westlight ist eine große und modern eingerichtete Bar im 22. Stock des Fünf-Sterne-Hotels The William Vale im angesagten Stadtteil Williamsburg – und die Aussicht auf die New Yorker Skyline ist schlicht umwerfend! Ein Postkarten-panorama, an dem man sich nicht sattsehen kann. Das Westlight bietet nicht nur klassische, sondern auch neu kreierte Cocktails und seltene Spirituosen, Craft Beer und Wein. Die kleinen Gerichte wie die Spiced Chicken Empanadas oder die Crispy Potatoe Skins sind inspriniert von Street Food aus aller Welt, und die leckeren Nachtische lassen keinen Wunsch offen. ▶ *www.westlightnyc.com*

Spiced Chicken EMPANADAS

Diese Empanadas aus dem »Westlight« (siehe Seite 54–55) sind der Renner für alle, die es würzig mögen. Also am besten vorbereiten und kurz vor dem Servieren frisch aufbacken.

Für 4 Personen
Zubereitungszeit: 45 Minuten | Backzeit: 30 Minuten

FÜR DEN TEIG
200 g Weizenmehl Type 550 plus mehr zum Arbeiten
½ TL gemahlene Kurkuma
Salz
100 g kalte Butter, gewürfelt
100 g Frischkäse

FÜR DIE FÜLLUNG
2 Hähnchenbrustfilets
1 Knoblauchzehe, mit Schale halbiert
1 Lorbeerblatt
Salz
100 g Doppelrahmfrischkäse
1 EL Chilisauce
2 TL Garam Masala
1 TL getrockneter Oregano
frisch gemahlener schwarzer Pfeffer
100 g Cheddar, geraspelt

FÜR DEN SCHNITTLAUCHDIP
1 Bund Schnittlauch
200 g Sauerrahm
Salz
frisch gemahlener schwarzer Pfeffer

1 Für den Teig das Mehl mit der Kurkuma und ½ TL Salz vermischen. Die Butter und den Frischkäse hinzufügen und rasch zu einem glatten Teig verkneten. Zu einem Rechteck formen und in Frischhaltefolie gewickelt kalt stellen.

2 Für die Füllung die Filets in einem kleinen Topf mit 200 ml Wasser, dem Knoblauch, dem Lorbeer und ½ TL Salz aufkochen. Abgedeckt bei mittlerer Temperatur 15 Minuten garen. Inzwischen Frischkäse, Chilisauce, Garam Masala, Oregano und ½ TL Pfeffer in eine Schüssel geben. Die Hähnchenbüste klein schneiden. Das Fleisch und den Käse dazugeben und alles vermengen.

3 Den Backofen auf 200 °C Ober-/Unterhitze (180 °C Umluft) vorheizen. Den Teig auf der leicht bemehlten Arbeitsfläche 0,5 cm dick ausrollen. Mit einem Glas (5–6 cm) Kreise ausstechen. Je 1–2 TL Füllung auf die Teigkreise geben. Zu Halbmonden zusammenklappen und die Ränder gut andrücken. Die Teigtaschen auf zwei mit Backpapier ausgelegte Backbleche legen. Mit Wasser bestreichen und nacheinander im Backofen in etwa 30 Minuten goldbraun backen.

4 Für den Dip den Schnittlauch waschen, trocken tupfen und klein schneiden. Den Sauerrahm mit Salz und Pfeffer würzig abschmecken. Den Schnittlauch unterrühren und in eine kleine Schale füllen. Die Empanadas auf einer Platte anrichten und lauwarm zum Dip servieren.

Seared OCTOPUS SKEWERS

Hier wird der italienische Klassiker mit Sojasauce und Chili im asiatischen Stil aufgetischt. Frisch gegrillt ist der Oktopus innen besonders zart und außen kross.

Für 4 Personen
Zubereitungszeit: 30 Minuten | Garzeit: 1½–2 Stunden

1 Oktopus, küchenfertig
3 Knoblauchzehen
1 Zwiebel
2 Karotten
½ Bund glatte Petersilie
1 Lorbeerblatt
100 ml Rotwein
1 rote Chilischote
1 Limette
3 Lauchzwiebeln
2 EL Fischsauce
2 EL Sojasauce
6 EL Olivenöl
Salz
frisch gemahlener schwarzer Pfeffer
4 Scheiben italienisches Weißbrot

1 Den Oktopus waschen und in einen nicht zu großen Topf geben. Knapp mit Wasser bedecken. Zwei Knoblauchzehen und die Zwiebel mit Schale halbieren. Die Karotten gründlich waschen und in Stücke schneiden. Die Petersilie waschen. Die vorbereiteten Zutaten, den Lorbeer und den Rotwein zum Oktopus geben und alles zum Kochen bringen. Bei mittlerer Temperatur in 1½–2 Stunden weich kochen.

2 Inzwischen die Chilischote halbieren, entkernen und hacken. Den Saft der Limette auspressen. Die Lauchzwiebeln putzen, waschen und in dünne Ringe schneiden. Die Chili mit Limettensaft, Lauchzwiebeln, Fischsauce und Sojasauce in einer kleinen Schüssel verrühren.

3 Den Oktopus aus dem Sud heben und abkühlen lassen. Anschließend in etwa 3 cm große Stücke schneiden. Die Stücke auf acht Holzspieße stecken. Eine Pfanne erhitzen, 2 EL Olivenöl zugeben und die Spieße darin von allen Seiten bei hoher Temperatur in 2–3 Minuten kross anbraten. Mit Salz und Pfeffer würzen. Die Sauce zugeben, die Spieße darin wenden und einkochen lassen.

4 Das Brot mit einer halbierten Knoblauchzehe einreiben und mit dem restlichen Olivenöl beträufeln. In einer Grillpfanne von beiden Seiten knusprig anbraten. Zusammen mit den Spießen servieren.

Coconut TRES LECHES

Tres Leches ist ein Dessert aus Süd- und Mittelamerika – Einwanderer haben das Rezept nach New York gebracht. Die drei Milchsorten sorgen für ein Geschmackserlebnis, von dem man nicht mehr lassen kann.

Für 1 Kuchen (8 Stücke)
Zubereitungszeit: 30 Minuten + etwa 2 Stunden Kühlen und Ruhen | Backzeit: 25–30 Minuten

FÜR DEN BODEN
100 g Weizenmehl Type 405 plus mehr für die Form
½ TL Backpulver
1 Prise Salz
80 g Zucker
2 Eier (M)
100 g weiche Butter plus mehr für die Form

FÜR DEN GUSS
1 Dose Kokoscreme
1 Dose Kondensmilch
1 Dose gezuckerte Kondensmilch (z. B. Milchmädchen)
1 TL Vanilleextrakt

AUSSERDEM
1 unbehandelte Limette
100 g Kokosraspel
50 g Puderzucker
150 g süße Sahne

1 Den Backofen auf 180 °C Ober-/Unterhitze (160 °C Umluft) vorheizen. Das Weizenmehl mit Backpulver, Salz und Zucker in einer Schüssel vermengen. Die Eier und die Butter zugeben und alles mit dem Rührgerät 2 Minuten aufschlagen. Eine Springform (Ø 20–22 cm) mit Butter einfetten und mit Mehl ausstauben. Den Teig hineingeben und im vorgeheizten Backofen 25–30 Minuten backen. Stäbchenprobe machen, aus dem Ofen holen und abkühlen lassen.

2 Inzwischen für den Guss die Kokoscreme mit der Kondensmilch, der gezuckerten Kondensmilch und dem Vanilleextrakt verrühren.

3 Die Limette waschen, trocken tupfen und die Schale fein abreiben. Die Kokosraspel in einer Pfanne ohne Fett goldbraun rösten. Den Puderzucker darübersieben und hellbraun karamellisieren lassen. Die Kokosraspel auf einem Bogen Backpapier abkühlen lassen. Die Limettenschale untermischen.

4 Den abgekühlten Rührkuchen aus der Form lösen und auf eine Kuchenplatte mit einem kleinen Rand setzen. Mit einem Holzspieß mehrfach einstechen. Mit dem Guss tränken und 1 Stunde ruhen lassen. Anschließend die Sahne steif schlagen und auf den Boden streichen. Mit der Kokos-Limettenmischung betreuen, in Stücke schneiden und servieren.

Kurobuta BABY BACK RIBS

Das fein marmorierte Fleisch des Kurobuta-Schweins wird in Japan ausgesprochen geschätzt. Die ursprünglich aus Berkshire stammende Rasse wurde von englischen Diplomaten nach Japan gebracht. Welch ein Glück!

Für 4 Personen
Zubereitungszeit: 20 Minuten | Garzeit: etwa 2½ Stunden

FÜR DIE RIBS
4 Stränge Baby Back Rips vom Kurobuta-Schwein (etwa 2 kg)
1 Zwiebel, mit Schale, halbiert
2 Knoblauchzehen, mit Schale
1 Lorbeerblatt
1 TL Salz

FÜR DIE GLASUR
100 ml Ketchup
2 TL Paprikapulver edelsüß
1 TL Paprikapulver rosenscharf
1 TL gemahlener Kreuzkümmel
2 EL brauner Zucker
50 ml Whiskey

AUSSERDEM
100 g Erdnusskerne

1 Die Ribs in jeweils vier Stücke schneiden. Zusammen mit der Zwiebel, dem Knoblauch, dem Lorbeer und dem Salz in einen ausreichend großen Topf geben. Mit kaltem Wasser auffüllen, sodass die Rips gerade so bedeckt sind. Zum Kochen bringen und anschließend bei mittlerer Temperatur 1½ Stunden köcheln lassen.
Den Backofen auf 220 °C Grillfunktion vorheizen.

2 Für die Glasur den Ketchup mit den Gewürzen, dem Zucker und dem Whiskey in einer kleinen Schüssel verrühren. Die Ribs aus dem Sud heben und auf ein Backblech legen. Rundum mit der Glasur bestreichen und im vorgeheizten Backofen auf der zweiten Schiene von oben 15 Minuten grillen. Die Ribs wenden, erneut bestreichen und weitere 15 Minuten grillen. Diesen Vorgang noch ein- bis zweimal wiederholen, bis die Ribs glänzen und knusprig sind.

3 Die Erdnüsse hacken und über die Ribs streuen. Diese heiß und knusprig servieren.

Duck Carnitas TACOS

Diese Tacos sind der beste Grund, auch mal jenseits von Weihnachten Ente zu essen. Das Fleisch lässt sich ohne Weiteres vorbereiten und wartet geduldig im Kühlschrank oder Gefrierfach auf seinen Einsatz.

Für 4 Personen
Zubereitungszeit: 30 Minuten | Garzeit: 2½–3 Stunden

FÜR DAS ENTENFLEISCH

4 Entenkeulen
Salz
1 Zwiebel
1 Knoblauchzehe
4 Zweige Thymian
1 unbehandelte Orange
1 kleine rote Chilischote
1 Zimtstange

AUSSERDEM

1 rote Zwiebel
1 Bund Koriander
1 kleiner Radicchio
12 kleine Tacos

1 Den Backofen auf 160 °C Ober-/Unterhitze (140 °C Umluft) vorheizen. Die Entenkeulen waschen, trocken tupfen und rundum mit Salz einreiben. Die Keulen in eine ofenfeste Form legen. Die Zwiebel und den Knoblauch abziehen. Die Zwiebel würfeln, den Knoblauch halbieren. Den Thymian waschen und trocken tupfen. Die Orange waschen und würfeln. Die Chilischote halbieren. Den Zimt in Stücke brechen.

2 Die vorbereiteten Zutaten zu den Keulen geben und 2 cm hoch mit Wasser auffüllen. Im vorgeheizten Backofen 2½–3 Stunden auf der mittleren Schiene schmoren. Die Keulen anschließend aus dem Ofen nehmen, abtropfen lassen und beiseitelegen. Den Sud durch ein Sieb in einen Topf gießen und zur Hälfte einkochen lassen. Falls nötig, das Fett abschöpfen.

3 Die Zwiebel abziehen und in dünne Spalten schneiden. Den Koriander waschen, trocken tupfen und die Blätter abzupfen. Den Radicchio putzen, waschen und in Streifen schneiden. Die Haut von den Entenkeulen abziehen und das Fleisch von den Knochen lösen. Das Fleisch in kleine Stücke zupfen.

4 Die Tacos kurz in einer Pfanne erhitzen und mit dem Radicchio, dem Fleisch und den Zwiebeln füllen. Den Koriander darüberstreuen und die Tacos sofort servieren.

Crispy POTATOE SKINS

Potatoe Skins sind kein Resteessen. Sondern die gesunde Variante von Kartoffelchips. Knusprig, würzig und bodenständig. Yuzu und Kaviar verleihen ihnen den nötigen Glamour.

Für 4 Personen
Zubereitungszeit: 25 Minuten | Garzeit: etwa 1 Stunde 10 Minuten

FÜR DIE POTATOE SKINS
8 mittelgroße festkochende Kartoffeln (am besten Bio-Qualität)
3–4 EL Olivenöl
Meersalzflocken
frisch gemahlener schwarzer Pfeffer

FÜR DIE YUZU-MAYONNAISE
1 Eigelb
1 TL mittelscharfer Senf
100 ml Olivenöl
Meersalzflocken
Cayennepfeffer
1 TL Honig
2 EL Yuzu-Saft (aus dem Asialaden; aromatischer Zitrusgeschmack mit leichter Bitternote)

AUSSERDEM
4 EL Kaluga-Kaviar (oder eine andere Sorte)

1 Den Backofen auf 200 °C Ober-/Unterhitze (180 °C Umluft) vorheizen. Die Kartoffeln mit Schale gründlich waschen. Rundum mit einem Holzspieß mehrfach einstechen. Auf einem Backblech verteilen und im vorgeheizten Backofen 45 Minuten garen.

2 Inzwischen für die Yuzu-Mayonnaise das Eigelb mit dem Senf in einer Schüssel verquirlen. Die Hälfte des Öls zunächst tröpfchenweise unterschlagen. Das übrige Öl in einem dünnen Strahl zugeben und unterschlagen. Die Mayonnaise mit Salz, Cayennepfeffer, Honig und Yuzu-Saft würzig abschmecken. In eine kleine Schale geben und kalt stellen.

3 Die Kartoffeln aus dem Ofen nehmen und etwas abkühlen lassen. Den Backofen nicht ausschalten. Die Kartoffeln vierteln und das Innere mit einem Löffel herauskratzen. Dabei einen 1 cm dicken Rand stehen lassen. Die Kartoffelschalen mit dem Olivenöl bestreichen und mit Meersalzflocken und Pfeffer würzen. Auf einem mit Backpapier ausgelegten Backblech verteilen. Im Backofen in weiteren 20–25 Minuten goldbraun und knusprig backen. Einmal wenden.

4 Zum Anrichten den gut gekühlten Kaviar in eine Schale füllen. Die Potatoe Skins auf einer Platte verteilen und mit der Yuzu-Mayonnaise anrichten.

TIPP Die Kartoffelreste vom Aushöhlen für die Tater Tots von Seite 109 verwenden. Die Zutatenmengen entsprechend anpassen.

Strawberry SHORTCAKE SANDY

Ein Kekssandwich der Spitzenklasse. Mürbe Hülle mit cremig-süßer Füllung! Ich empfehle, dazu einen Espresso zu trinken und den Blick über New York zu genießen.

Für 8 Stück
Zubereitungszeit: 25 Minuten + 1 Stunde Ruhen + 2 Stunden Kühlen | Garzeit: pro Backblech 15 Minuten

FÜR DIE KEKSE
115 g weiche Butter
55 g Zucker
150 g Weizenmehl Type 405 plus mehr zum Arbeiten
1 Prise Salz

FÜR DIE FÜLLUNG
200 g Mascarpone
50 g Erdbeerkonfitüre
1 TL Vanilleextrakt
Puderzucker zum Bestauben

1 Den Backofen auf 190 °C Ober-/Unterhitze (Umluft nicht geeignet) vorheizen. Die Butter mit dem Zucker, dem Mehl und dem Salz zu einem glatten Teig verkneten. In Frischhaltefolie wickeln und im Kühlschrank 1 Stunde ruhen lassen.

2 Den Teig auf der leicht bemehlten Arbeitsfläche 0,5–1 cm dick ausrollen und Kreise (Ø 7–8 cm) ausstechen. Die Teigreste erneut verkneten und weitere Kreise ausstechen, bis der Teig aufgebraucht ist. Die Teigkreise auf ein mit Backpapier ausgelegtes Backpapier legen und 15 Minuten im vorgeheizten Backofen auf der mittleren Schiene backen. Die Kekse abkühlen lassen.

3 Für die Füllung den Mascarpone mit der Konfitüre und dem Vanilleextrakt in einer Schüssel glatt rühren. Die Hälfte der Kekse auf eine in das Gefrierfach passende Platte setzen. Die Creme darauf verteilen und mit einem zweiten Cookie bedecken. Die Ränder glatt streichen. Zum Festwerden für 2 Stunden ins Gefrierfach legen.

4 Die Kekse zum Servieren mit Puderzucker bestauben.

TIPP Zum Füllen die Kekse mit einer Banderole aus Backpapier umlegen und diese mit einer Büroklammer fixieren. Dann geht nichts daneben.

Peanut Butter Bars WITH ICE CREAM

Erdnuss-Fans aufgepasst! Augen zu, Mund auf und genießen. Sie sind schnell gemacht und halten (trocken und kühl aufbewahrt) locker zwei Wochen.

Für 12 Stück
Zubereitungszeit: 20 Minuten + 2 Stunden Kühlen

250 g crunchy Erdnussbutter
50 g dunkler Apfelsirup
2 Msp. Meersalzflocken plus mehr zum Bestreuen
1 TL Vanilleextrakt
150 g Zartbitter-Schokotropfen
1 EL Butter
50 g gepuffte Quinoa oder Amaranth
250 g Himbeeren
4 Kugeln Vanilleeis

1 Die Erdnussbutter mit dem Apfelsirup, den Salzflocken und dem Vanilleextrakt in einem kleinen Topf bei niedriger Temperatur schmelzen. Eine Form (etwa 15 × 15 cm) mit Wasser ausspülen und mit Frischhaltefolie auslegen. Anschließend die Erdnussmasse einfüllen und glatt streichen.

2 Die Schokotropfen mit der Butter in einer Schüssel über einem heißen Wasserbad schmelzen und verrühren. Die gepuffte Quinoa über die Erdnussmasse streuen und die Schokolade darüberträufeln. Die Form mit Frischhaltefolie abdecken und 2 Stunden kalt stellen.

3 Die Himbeeren abbrausen und abtropfen lassen. Die fest gewordene Masse in zwölf Stücke schneiden und mit der Eiscreme und den Himbeeren anrichten.

Der Innenbereich ist ganz Vintage urban New York: die typischen Brownstone-Ziegel, weiße Holzpaneele, Terrazzoboden und Metallsäulen.

MONARCH ROOFTOP BAR & INDOOR LOUNGE

Midtown Manhattan

Auch von dieser Dachterrasse aus hat man einen großartigen Ausblick auf Midtown Manhattan und das Empire State Building. Die Terrasse wird bei Bedarf überdacht und geheizt, sodass man sich das ganze Jahr über dort aufhalten kann. Der Innenbereich ist ganz Vintage urban New York: die typischen Brownstone-Ziegel, weiße Holzpaneele, Terrazzoboden und Metallsäulen. Hier können Sie in einem tiefen Sofa versinken und entspannen. Appetizer und Drinks ergänzen das Wohlfühl-Ambiente.

▶ *www.addisongroupnyc.com/venues/monarch*

MACYS

Stylisch eingerichtet und mit zahlreichen Kunstwerken ausgestattet, thront die Lounge ganz oben im 26. Stockwerk des Beekman Towers, eines der berühmtesten klassischen New Yorker Hochhäuser, 1928 im Art-déco-Stil errichtet.

OPHELIA LOUNGE NYC

Manhattan

Die Ophelia Lounge blickt auf eine lange Geschichte zurück. Zunächst waren hier nur Frauen aus amerikanischen Studentenvereinigungen zugelassen, erst 1934 wurde der Club für alle geöffnet. Stylisch eingerichtet und mit zahlreichen Art-déco-Elementen und Kunstwerken ausgestattet, thront die Lounge ganz oben im 26. Stockwerk des Beekman Towers, eines der berühmtesten klassischen New Yorker Hochhäuser, 1928 im Art-déco-Stil errichtet. In der rundherum verglasten Lounge bekommt man von kleineren Gerichten bis zum Fünf-Sterne-Menü alles, immer mit 360-Grad-Blick über die Stadt und den East River zu Füßen des Beekman Towers. ▶ *www.opheliany.com*

Handcut TRUFFLE FRIES

Die Luxuskartoffel für den Start in die Nacht. Ihr Geheimnis liegt in der besten Kartoffel, frisch ausgebacken in reinem Olivenöl und mit Trüffel-Pecorino verfeinert.

Für 4 Personen
Zubereitungszeit: 45 Minuten + 10 Minuten Wässern

FÜR DIE FRIES
1 kg festkochende Kartoffeln (am besten Bio-Qualität)
etwa 150 ml Olivenöl
Meersalzflocken

FÜR DIE TRÜFFELCREME
1 kleine eingelegte Trüffel
100 g Crème fraîche
Salz
frisch gemahlener schwarzer Pfeffer
Saft von ½ Zitrone
1 Bund Schnittlauch

AUSSERDEM
80 g Trüffel-Pecorino

1 Für die Fries die Kartoffeln mit Schale gründlich waschen und längs in Stifte von etwa 1,5 cm Dicke schneiden. In einer Schüssel mit kaltem Wasser 10 Minuten wässern. Abgießen und auf einem Küchentuch trocken tupfen.

2 Den Backofen auf 65 °C Ober-/Unterhitze vorheizen. Das Olivenöl in einer großen tiefen Pfanne erhitzen. Die Kartoffeln portionsweise im heißen Olivenöl bei mittlerer Temperatur langsam knusprig und goldbraun braten. Auf Küchenpapier abtropfen lassen und mit Meersalzflocken würzen. Die fertigen Fries im Backofen warm halten.

3 Für die Trüffelcreme die Trüffel sehr fein würfeln. Die Crème fraîche mit der Trüffel, etwas Salz, Pfeffer und Zitronensaft verrühren. Den Schnittlauch waschen, trocken tupfen und in Röllchen schneiden. Unter die Trüffelcreme rühren.

4 Die Fries auf einer Platte anrichten und den Trüffel-Pecorino darüberhobeln. Die Trüffelcreme dazu reichen.

Beef SLIDERS

Ein amerikanischer Barklassiker, der hier nicht fehlen darf. Zum Glück sind sie so klein, da darf man auf jeden Fall noch mal zugreifen.

Für 4–6 Personen
Zubereitungszeit: 1 Stunde + 2 Stunden Gehen | Backzeit: 15 Minuten

FÜR DIE BUNS
2 Eier
450 g Weizenmehl Type 550 plus mehr zum Arbeiten
1 Pck. Trockenhefe
20 g Zucker
1 TL Salz
100 ml lauwarme Milch plus mehr zum Bestreichen
50 g weiche Butter
1–2 EL Sesamsamen

FÜR DIE BURGER-SAUCE
100 g Mayonnaise
2 EL Ketchup
1 TL mittelscharfer Senf
3 TL Tomatenmark
1 EL Sojasauce
2 EL Chilisauce

AUSSERDEM
10 Schalotten
30 g Butter
2 EL brauner Zucker
Salz
frisch gemahlener schwarzer Pfeffer
2 Strauchtomaten
2 EL Olivenöl plus mehr zum Einfetten
1 kg Rinderhackfleisch (20–25 % Fettanteil)
12 Scheiben geräucherter Cheddar
12 kleine Salatblätter
2 rote Zwiebeln

1 Für die Buns ein Ei trennen. Das Mehl mit Hefe, Zucker und Salz mischen. Die Milch, das ungetrennte Ei, das Eiweiß und die Butter zugeben. Alles in etwa 5 Minuten zu einem glatten Teig verkneten. Den Teig in eine eingeölte Schüssel geben. Mit einem Küchentuch abdecken. An einem warmen Ort 1 Stunde 30 Minuten gehen lassen.

2 Den Teig auf der bemehlten Arbeitsfläche kurz kneten und in zwölf Portionen teilen. Auf der Arbeitsfläche in der hohlen Handinnenfläche rund formen. Auf ein mit Backpapier ausgelegtes Backblech legen. Mit eingeölter Frischhaltefolie abdecken und 30 Minuten gehen lassen. Den Backofen auf 175 °C Ober-/Unterhitze (160 °C Umluft) vorheizen. Das Eigelb mit 1 EL Milch verquirlen und die Buns damit bestreichen. Mit dem Sesam bestreuen und im Backofen auf der mittleren Schiene in 15 Minuten goldbraun backen.

3 Für die Sauce alle Zutaten verrühren. Die Schalotten abziehen und in Ringe schneiden. Die Butter in einer Pfanne schmelzen und die Schalotten darin kurz anschwitzen. Den Zucker zugeben und unter gelegentlichem Rühren rösten. Mit Salz und Pfeffer würzen. Die Tomaten waschen, trocken tupfen und den Stielansatz entfernen. Die Tomaten würfeln und mit Olivenöl, Salz und Pfeffer mischen.

4 Für die Pattys das Fleisch mit Salz und Pfeffer würzen und zu zwölf Bällchen formen. Flach drücken und auf dem Grill (200 °C direkte Hitze) oder in der heißen Grillpfanne mit etwas Öl von beiden Seiten 3–4 Minuten grillen. Jedes Patty mit einer Scheibe Käse belegen. Die Buns aufschneiden und die Hälften mit der Sauce bestreichen. Je ein Patty auf die unteren Hälften geben und mit Salat, den in Ringe geschnittenen Zwiebeln, Schalotten und Tomatenwürfeln belegen. Die Oberseite darauflegen und servieren.

Ahi Tuna Tartare WITH NORI CHIPS

Die aus dem Hawaiianischen stammende Bezeichnung »Ahi« meint den Gelbflossen-Thunfisch. Die knusprigen und nussigen Nori-Chips sind auch solo ein Genuss.

Für 4 Personen
Zubereitungszeit: 20 Minuten | Backzeit: 5–8 Minuten

2 Nori-Blätter
2 TL geröstetes Sesamöl
2 TL Sesamsamen
1 TL Meersalzflocken
500 g Ahi-Thunfisch (Sushiqualität)
1 rote Chilischote
3 Lauchzwiebeln
3 EL Tamari (glutenfreie Sojasauce)
1 EL Honig
1 TL Reisessig
frisch gemahlener schwarzer Pfeffer
2 EL gemischte Sprossen

1 Den Backofen auf 180 °C Ober-/Unterhitze (160 °C Umluft) vorheizen. Die Nori-Blätter dünn mit je 1 TL Sesamöl bestreichen und nebeneinander auf ein Backblech legen. Im vorgeheizten Backofen etwa 5–8 Minuten backen. Aus dem Ofen nehmen, mit Sesam und etwas Salz bestreuen. Abkühlen lassen und in Stücke brechen.

2 Für das Tartar den Thunfisch in 1 cm große Würfel schneiden. Die Chilischote waschen, entkernen und klein hacken. Die Lauchzwiebeln putzen, waschen und in dünne Ringe schneiden. Mit Chili zum Thunfisch geben. Tamari, Honig und Reisessig zufügen und untermischen.

3 Das Tartar in vier Portionen auf Tellern anrichten mit Pfeffer würzen, mit Sprossen bestreuen und die Chips dazu servieren.

Grilled CHEESE

Einfacher geht es fast nicht. Und leckerer auch nicht. Wer kann schon auf ein simples Käsebrot verzichten, wenn es duftend und rösch aus dem Sandwichtoaster kommt?

Für 4 Personen
Zubereitungszeit: 25 Minuten

150 g Cheddar
2 Kugeln Büffel-Mozzarella
150 g Emmentaler
8 große Scheiben Weißbrot
50 g weiche Butter
1 Glas Mixed Pickles
(Abtropfgewicht etwa 250 g)

1 Die Käsesorten jeweils grob raspeln und in einer Schüssel mischen. Die Brotscheiben jeweils auf einer Seite mit Butter bestreichen. Die Hälfte der Scheiben mit der gebutterten Seite nach unten in eine oder zwei kalte Pfanne(n) legen. Mit jeweils einem Viertel der Käsemischung belegen. Mit einer zweiten Scheibe (Butterseite nach oben) belegen und zudrücken.

2 Bei mittlerer Temperatur in etwa 3–5 Minuten goldbraun und knusprig braten. Sandwiches behutsam wenden und auch die zweite in Seite 2–3 Minuten goldbraun und knusprig braten. Die Brote halbieren oder vierteln. Mit den Mixed Pickles servieren.

TIPP Die Brote beim Braten mit einer Pfanne oder einem Topf beschweren, damit sie gleichmäßig bräunen. Oder im Kontaktgrill braten. Das original *grilled cheese* wird mit heißer Tomatensuppe zum Eintunken serviert.

Von hier aus hat man einen besonders guten Blick auf Downtown New York und das One World Trade Center.

MR. PURPLE

Lower East Side / Manhattan

Mr. Purple ist eine klassisch zeitlose, stylische Rooftop Bar in der Lower East Side. Von hier aus hat man einen besonders guten Blick auf Downtown New York und das One World Trade Center. Die unterschiedlichen Fußbodenkacheln in den verschiedenen Teilen des Innenbereichs sind eine interessante Besonderheit, ebenso der kleine beheizte Pool im Außenbereich. Es werden innovative Konzepte für Essen und Bar erprobt, junge Talente kümmern sich um kulinarische Kreationen aller Art. Das Mr. Purple liegt im 15. Stock des renommierten Indigo Hotels – beide sind ausgeklügelt und anspruchsvoll.

▶ *www.mrpurplenyc.com*

Buttermilk fried CHICKEN SLIDERS

Ein Rezept von »Mister Purple« (siehe Seite 89) – »Slider« heißen kleine Sandwiches. Saftig und kross zugleich wird das Hähnchenfleisch mit Cole-Slaw aufgeschichtet. So genießt man »Rooftop Feeling« heute.

Für 4 Personen
Zubereitungszeit: 45 Minuten + über Nacht Marinieren + 1 Stunde Ziehen

FÜR DIE HÄHNCHENBRUST
750 g Hähnchenbrustfilets
4 Zweige Thymian
1 Zweig Rosmarin
500 ml Buttermilch
Abrieb von ½ unbehandelten Zitrone
neutrales Pflanzenöl zum Frittieren
100 g Weizenmehl Type 405
2 TL Cayennepfeffer
Salz
frisch gemahlener schwarzer Pfeffer

FÜR DEN KOHLRABI-SLAW
1 großer Kohlrabi
¼ Kopf Rotkohl
1 EL Olivenöl
2 EL Weißweinessig
1 TL Honig
Salz
frisch gemahlener schwarzer Pfeffer

AUSSERDEM
12 kleine Buns (S. 82)
1 Portion Aioli (S. 52), mit 2 TL Currypulver gemischt

1 Die Hähnchenbrustfilets in etwa 1 cm dicke Scheiben schneiden und in eine Dose oder einen verschließbaren Gefrierbeutel geben. Den Thymian und den Rosmarin waschen, trocken tupfen und die Blätter bzw. Nadeln abzupfen und hacken. Zusammen mit der Buttermilch und dem Zitronenabrieb zum Fleisch geben. Gründlich mischen und im Kühlschrank über Nacht marinieren.

2 Für den Kohlrabi Slaw den Kohlrabi waschen, schälen und in dünne Stifte schneiden oder raspeln. Den Rotkohl putzen, waschen und in dünne Streifen hobeln. Beides mit Olivenöl, Essig, Honig, etwas Salz und Pfeffer in einer Schüssel mischen. Abgedeckt etwa 1 Stunde durchziehen lassen.

3 In einem Topf etwa 5 cm hoch Pflanzenöl erhitzen. Oder die Fritteuse auf 160 °C aufheizen. Das Mehl in einer flachen Schale mit dem Cayennepfeffer und 1 TL Salz mischen. Die Fleischstücke mit einer Gabel aus der Buttermilch nehmen, abtropfen lassen und durch das Mehl ziehen. Wieder durch die Buttermilch ziehen und erneut im Mehl wenden. Die panierten Fleischstücke portionsweise im heißen Fett in etwa 3 Minuten goldbraun und knusprig braten. Auf Küchenpapier abtropfen lassen.

4 Die Buns halbieren und die Schnittflächen wahlweise in einer heißen Pfanne ohne Zugabe von Fett oder (unter Aufsicht) unter dem Backofengrill anrösten. Die Hälften mit der Aioli bestreichen, den Kohlrabi Slaw darauf verteilen und die gebackenen Hähnchenbruststücke darauflegen. Mit einem Spieß feststecken und heiß servieren.

Kale and Brussels SALAD

Für alle »Kale«-Freunde und die, die es werden wollen: Pistazien, Minze und Pecorino geben dem Salat ein unvergleichliches Aroma. Crunchy, frisch und intensiv!

Für 4 Personen
Zubereitungszeit: 25 Minuten

- 300 g Grünkohl
- 300 g Rosenkohl
- 1 rote Zwiebel
- 2 Zitronen
- 2 TL körniger Dijonsenf
- Salz
- 2 TL brauner Zucker
- 4 EL Olivenöl plus etwas mehr zum Braten
- 75 g Pistazienkerne
- 1 Bund Minze
- 75 g Pecorino
- frisch gemahlener schwarzer Pfeffer

1 Den Grünkohl gründlich waschen, putzen und die dicken Blattrippen entfernen. Den Rosenkohl putzen und waschen. Beides in dünne Streifen schneiden. Die Zwiebel abziehen und in dünne Spalten schneiden. Mit den beiden Kohlsorten in einer Schüssel mischen.

2 Für das Dressing den Saft der Zitronen auspressen und mit Senf, ½ TL Salz und dem Zucker in einer kleinen Schüssel verrühren. Sobald sich Zucker und Salz aufgelöst haben, das Olivenöl unterschlagen. Den Salat damit marinieren und beiseitestellen.

3 Die Pistazienkerne grob hacken und in einer Pfanne in wenig Olivenöl anrösten, leicht salzen und abkühlen lassen. Die Minze waschen, trocken tupfen und die Blätter abzupfen. Den Salat auf einer großen Platte oder in Portionsschalen anrichten. Mit Pistazien, Minze, frisch gehobeltem Pecorino und Pfeffer bestreut servieren.

Franks in A BLANKET

»Würstchen im Schlafrock«? Ja, hier trifft man einen alten Klassiker im angesagten New York wieder. »Franks« ist die Abkürzung für »Frankfurter« – so heißt das klassische Hot-Dog-Würstchen in New York.

Für 2–3 Personen
Zubereitungszeit: 15 Minuten | Garzeit: etwa 20 Minuten

2 TK-Blätterteigplatten (etwa 20 × 10 cm)
12 Mini-Wiener
1 Eigelb
1 EL Milch
2 EL fein geriebener Parmesan
2 EL Dijonsenf
2 EL Crème fraîche

1 Den Backofen auf 220 °C Ober-/Unterhitze (200 °C Umluft) vorheizen. Die Blätterteigplatten 5 Minuten antauen lassen. Die Würstchen auf Küchenpapier abtropfen lassen. Den Blätterteig in zwölf gleich große Quadrate schneiden. Die Würstchen schräg (von Ecke zu Ecke) darauflegen und die beiden offenen Ecken über den Würstchen zusammenlegen. Leicht andrücken, damit der Teig zusammenhält.

2 Die Würstchen auf einem mit Backpapier belegten Backblech verteilen. Das Eigelb mit der Milch verquirlen und den Blätterteig damit bestreichen. Mit Parmesan bestreuen und im vorgeheizten Backofen in etwa 20 Minuten goldbraun backen.

3 Für den Dip den Dijonsenf mit der Crème fraîche verrühren. Den Dip mit den etwas abgekühlten Würstchen servieren.

Ganz oben im 18. Stockwerk des James Hotels in Soho, im Herzen von New York, liegt das Jimmy. Besonders schön lässt sich von hier aus der Sonnenuntergang über New York genießen.

JIMMY

Manhattan

Ganz oben im 18. Stockwerk des James Hotels in Soho, im Herzen von New York, liegt das Jimmy. Aus den großen Fenstern hat man einen guten Blick auf Midtown, die Wall Street, den Hudson und die Brücken über den East River, und besonders schön lässt sich von hier aus der Sonnenuntergang über New York genießen. Das Jimmy ist einem klassischen englischen Pub nachgebildet (viel Holz, dunkle Möbel, glasierte Wandziegel) und mit zeitgenössischen Einsprengseln der 1970er-Jahre im New Yorker Style aufgepeppt. In dieser intimen, kultivierten Atmosphäre lassen sich Drinks und Speisen genussvoll verzehren – im Winter drinnen in einem gemütlichen Sessel vor dem Kamin, in dem tatsächlich ein Feuer brennt, im Sommer draußen auf der Dachterrasse. ▶ *www.jimmysoho.com*

JIMMY

Cheesecake LOLLIPOP TREE

Cake Pops nennen wir diese Lollipops meistens – kleine Kuchen-Lollys am Stiel. Kunterbunt und rund, leider sind sie immer viel zu schnell gegessen …

Für 6–8 Cake Pops
Zubereitungszeit: etwa 45 Minuten + über Nacht Kühlen | Backzeit: 45 Minuten

FÜR DEN CHEESECAKE
etwas Butter für die Form
400 g Doppelrahm-Frischkäse
100 g süße Sahne
120 g Zucker
½ TL Salz
30 g Speisestärke
1 TL Vanilleextrakt
2 Eier

AUSSERDEM
8 Butterkekse, gemahlen
je 150 g Zartbitter- und weiße Kuvertüre
6–8 Cake-Pop-Stäbchen
bunte Streusel

1 Für den Cheesecake den Backofen auf 160 °C Ober-/Unterhitze (Umluft nicht geeignet) vorheizen. Eine Springform (Ø 22 cm) mit Butter einfetten. Den Frischkäse mit der Sahne, dem Zucker, dem Salz, der Speisestärke, dem Vanilleextrakt und den Eiern zu einer glatten Masse verrühren. In die Springform füllen und im Backofen 45 Minuten backen. Den Kuchen aus dem Ofen nehmen, 1 Stunde bei Zimmertemperatur abkühlen lassen. Anschließend abgedeckt über Nacht im Kühlschrank fest werden lassen.

2 Am nächsten Tag aus der Käsekuchenmasse mit einem kleinen Eisportionierer Kugeln ausstechen und in den Keksbröseln wenden. Falls nötig, in den Händen nochmals rund formen, auf eine Platte legen und nochmals kalt stellen.

3 In der Zwischenzeit die Kuvertüre getrennt voneinander fein hacken und jeweils in einer Schüssel über einem heißen Wasserbad schmelzen. Die Cake-Pop-Stäbchen 1 cm tief in die flüssige Kuvertüre tauchen und mit diesem Ende in die Cheesecake-Bällchen stecken. Diese erneut für 10 Minuten kalt stellen.

4 Anschließend die Hälfte der Cake Pops mit dunkler, die andere Hälfte mit weißer Kuvertüre umhüllen. Überschüssige Kuvertüre abtropfen lassen. Mit den Dekor-Streuseln bestreuen. Zum Festwerden in einen Styroporwürfel stecken. Zum Servieren in einen Cake-Pop-Halter stecken.

Cheese PLATE

Käseliebhaber greifen gerne zu außergewöhnlichen Sorten. Epoisse, Comté oder Roquefort. Intensiv, würzig und außergewöhnlich dürfen sie sein. Alle anderen beginnen mit mildem Brie, Gouda oder Parmesan.

Für 4 Personen
Zubereitungszeit: 20 Minuten + über Nacht Ziehen | Backzeit: 5–8 Minuten

FÜR DIE EINGELEGTEN OLIVEN

1 Knoblauchzehe
3 Zweige Thymian
300 g Kalamata-Oliven, entsteint
6 in Öl eingelegte getrocknete Kirschtomaten
etwa 100 ml Olivenöl

AUSSERDEM

½ Baguette
100 g Gruyère (2 Jahre gereift)
100 g Parmigiano Reggiano (2 Jahre gereift)
100 g alter Gouda (mind. 2 Jahre gereift)

1 Für die eingelegten Oliven den Knoblauch abziehen und hacken. Den Thymian waschen, trocken tupfen und klein zupfen. Die Oliven mit dem Knoblauch, dem Thymian und den getrockneten Tomaten in ein Schraubglas füllen, mit Olivenöl auffüllen und abgedeckt über Nacht durchziehen lassen.

2 Am nächsten Tag den Backofen auf 200 °C Ober-/Unterhitze (180 °C Umluft) vorheizen. Das Baguette in dünne Scheiben schneiden und mit etwas Olivenöl von den eingelegten Oliven beträufeln. Auf einem Backblech verteilen und im vorgeheizten Backofen in 5–8 Minuten kross backen. Abkühlen lassen.

3 Die Käsesorten auf einem Käsebrett anrichten. Entweder am Stück oder bereits in Portionen geteilt. Zum Servieren die eingelegten Oliven und die Crostini dazu servieren.

TIPP Die Käsesorten können Sie beliebig variieren. Am Abend dürfen es allerdings gern eher kräftigere Sorten sein. Es eignen sich auch reifer Brie de Meaux oder Brillat-Savarin (Weißschimmelkäse), Epoisses de Bourgogn (Rotschmierkäse) oder Schnittkäse, wie Fontina oder ein gut gereifter cremiger Vacherin Mont-d'Or.

Diese authentische Rooftop Bar inmitten Brooklyns verbindet ein gemütliches Ambiente mit einem bunten Publikum, das die Bar für ihre einfallsreichen, aber auch klassischen Cocktails liebt.

THE IDES ROOFTOP & BLUE ROOM

Brooklyn

Mit Blick auf den East River und einem Panorama-Blick auf New York befindet man sich in der **Ides Rooftop Bar** an einem der besonderen Orte der Stadt. Die authentische Rooftop Bar inmitten Brooklyns verbindet ein gemütliches Ambiente mit einem bunten Publikum, das die Bar für ihre einfallsreichen, aber auch klassischen Cocktails liebt. Neben einer sorgfältig ausgesuchten Getränkekarte können die Gäste auch kleine Gerichte bestellen, die für jeden etwas bieten. Ob Austern oder »Chips and Dips«, für die passende Begleitung zum Feierabend-Drink ist gesorgt. Einem entspannten Abend im Sonnenuntergang steht hier definitiv nichts entgegen. ▶ *www.wythehotel.com/events/the-ides*

Chicken LIVER PARFAIT

Keine Angst vor Innereien! Mit dieser Leberterrine holen Sie sich einen Hauch Gourmetküche auf den Teller. Durch den edlen Portweinspiegel bleibt das Parfait hell.

Für 8 Personen
Zubereitungszeit: 1 Stunde

8 Schalotten
3 Wacholderbeeren
2 Pimentkörner
600 g Geflügelleber
300 g weiche Butter
2 EL Obstbrand
100 ml roter Portwein
1 Blatt Gelatine
Salz
frisch gemahlener schwarzer Pfeffer
200 ml weißer Portwein
8 kleine Lorbeerblätter
8 Wacholderbeeren
einige Zweige Thymian
Krustenbrot zum Servieren

1 Die Schalotten abziehen und würfeln. Die Wacholderbeeren und den Piment im Mörser zerstoßen. Die Geflügelleber putzen, Adern entfernen und die Lebern in Stücke schneiden. 1 EL Butter aufschäumen, die Schalotten darin anschwitzen. Die Lebern und die Gewürze dazugeben und 2 Minuten mitbraten. Den Obstbrand angießen und flambieren, den Alkohol dabei verbrennen lassen. Roten Portwein angießen und bei mittlerer Temperatur einkochen lassen. Vom Herd nehmen.

2 Die Gelatine in etwas kaltem Wasser einweichen. Die Lebern mit der übrigen Butter fein pürieren und mit Salz und Pfeffer würzen. In acht Auflaufförmchen füllen und abkühlen lassen. Den weißen Portwein kurz erwärmen und die ausgedrückte Gelatine darin auflösen. Die abgekühlten Parfaits mit einer dünnen Schicht Portweingelee bedecken. Zum Garnieren Lorbeer, Wacholder und Thymian in das noch flüssige Gelee legen und fest werden lassen. Bis zum Servieren im Kühlschrank aufbewahren.

3 Das Parfait vor dem Servieren 10 Minuten temperieren und mit frischem Krustenbrot servieren.

Tater TOTS

Diese edlen amerikanischen »Kroketten« erinnern sehr an Rösti, denn die Kartoffeln werden geraspelt verarbeitet. So schön heiß und kross, wie sie aus dem Topf kommen, kann man diesen Häppchen kaum widerstehen.

Für 4 Personen
Zubereitungszeit: 40 Minuten + über Nacht Kühlen | Garzeit: etwa 10 Minuten

1 kg mehligkochende Kartoffeln
1 TL Kartoffelstärke
1 TL Knoblauchpulver
1 TL getrockneter Oregano
½ TL Paprikapulver
Salz
frisch gemahlener schwarzer Pfeffer
neutrales Pflanzenöl zum Frittieren
1 Bund glatte Petersilie
Tomatensalsa oder Ketchup

1 Die Kartoffeln waschen, schälen und knapp mit Wasser bedeckt zum Kochen bringen. 6 Minuten kochen lassen. Anschließend abgießen und über Nacht auskühlen lassen.

2 Am nächsten Tag die Kartoffeln pellen, grob raspeln und in einer Schüssel mit Kartoffelstärke, Knoblauchpulver, Oregano, Paprikapulver, ½ TL Salz und 2–3 Prisen Pfeffer mischen.

3 Ein Backblech mit Backpapier auslegen. Mit einem Teelöffel Nocken aus der Kartoffelmasse stechen und in der Hand zu Kroketten formen. Diese auf das vorbereitete Backblech legen. In einer tiefen Pfanne 2–3 cm hoch Pflanzenöl auf etwa 160–170 °C erhitzen (wenn kleine Bläschen an einem hineingehaltenen Holzstäbchen aufsteigen, ist das Fett heiß genug). Die Kroketten portionsweise in das heiße Fett geben. In 1–2 Minuten rundum goldbraun ausbacken und auf Küchenpapier abtropfen lassen.

4 Die Petersilie waschen, trocken tupfen und die Blätter hacken. Die Tater Tots auf einer Platte anrichten, mit Petersilie bestreuen. Tomatensalsa oder Ketchup dazu servieren.

Two Dozens Oysters & SALSA

Luxus pur! Auch wenn sie nicht bei jedem auf Begeisterung treffen, gehören sie doch mit ihrem leicht nussigen und fein salzigen Aroma zu den Top Ten der Gourmets.

Für 4 Personen
Zubereitungszeit: 20 Minuten

FÜR DIE SALSA
¼ Salatgurke
Salz
4 Schalotten
1 Bund Schnittlauch
4 EL Rotweinessig
frisch gemahlener schwarzer Pfeffer
80 ml Olivenöl

AUSSERDEM
24 frische Austern
(zum Beispiel *fines de claire*
oder *spéciales de claire)*
Crushed Ice zum Anrichten
1 Baguette, in Scheiben geschnitten
französische Butter, gut gekühlt

1 Für die Salsa die Gurke waschen, schälen und in sehr kleine Würfel schneiden. Mit 2 Prisen Salz mischen und 10 Minuten Wasser ziehen lassen. In der Zwischenzeit die Schalotten abziehen und sehr fein würfeln. Den Schnittlauch waschen, trocken tupfen und in sehr feine Ringe schneiden. Beides mit dem Rotweinessig sowie etwas Salz und Pfeffer verrühren. Die Gurkenwürfel abgießen und mit dem Olivenöl zur Schalotten-Essig-Mischung geben.

2 Die Austern öffnen und dabei darauf achten, dass das Wasser in den Schalen erhalten bleibt. Auf einer Platte mit Crushed Ice anrichten. Die Salsa, die Baguettescheiben und die Butter zu den Austern reichen.

Shrimp COCKTAIL

Wer liebt sie nicht die cremig-tomatige Sauce.
Die Avocado bringt Frische in den Cocktail.
Am besten mit einem Portonic (siehe Seite 184) genießen.

Für 4 Personen
Zubereitungszeit: 20 Minuten

FÜR DIE COCKTAILSAUCE
4 EL Mayonnaise
1 EL Ketchup
1 TL mittelscharfer Senf
1 TL Whiskey
Saft von ½ Limette
2 Prisen brauner Zucker
Salz
frisch gemahlener schwarzer Pfeffer

AUSSERDEM
2 Schalotten
1 Avocado
2 Strauchtomaten
400 g Shrimps, gekocht und geschält
4 Stängel Koriander, grob gehackt
etwas Pumpernickel oder Vollkorntoast zum Servieren

1 Für die Cocktailsauce die Mayonnaise mit dem Ketchup, dem Senf und dem Whiskey verrühren. Mit etwas Limettensaft, dem Zucker sowie etwas Salz und Pfeffer würzig abschmecken.

2 Die Schalotten abziehen und fein würfeln. Die Avocado halbieren, entkernen und das Fruchtfleisch mithilfe eines Esslöffels aus den Schalen heben. Die Hälften würfeln. Die Tomaten waschen, den Stielansatz entfernen und die Haut einritzen. Die Tomaten kurz in kochendes Wasser tauchen. Sobald die Haut aufplatzt, die Tomaten kalt abschrecken und schälen. Anschließend vierteln und entkernen. Das Fruchtfleisch klein würfeln und mit den Schalotten und der Avocado sowie den Shrimps in eine Schüssel geben.

3 Die Cocktailsauce untermengen und den Cocktail in Schalen füllen. Zum Servieren mit Koriander bestreuen. Mit Pumpernickel oder geröstetem Vollkorntoast servieren.

Country PORK PATÉ

Trotz all der fantastischen Cocktails, die die Bartender der Rooftop Bars kreieren, empfehle ich zu dieser würzigen und bodenständigen Landhausterrine ein frisch gezapftes, kühles Bier oder Craft Beer.

Für 1 Terrine von 1,5 kg
Zubereitungszeit: 1 Stunde + 2 Tage Ziehen | Garzeit: 2 Stunden

6 Schalotten
2 Knoblauchzehen
60 ml Cognac
1 TL brauner Zucker
4 Wacholderbeeren
2 Pimentkörner
3 Gewürznelken
1 Bund glatte Petersilie
10 Zweige Thymian
1 Zweig Rosmarin
500 g Schweinebauch, ohne Schwarte
500 g Schweinenacken
100 g süße Sahne
2 Eier
Salz
frisch gemahlener schwarzer Pfeffer
Muskatnuss
etwa 12 Scheiben Bacon
4 Lorbeerblätter
12 Cornichons
3 EL Dijonsenf
4 Scheiben Krustenbrot

1 Eine Terrinenform in eine tiefe Ofenform setzen und so viel Wasser angießen, dass die Terrinenform bis zur Hälfte im Wasser steht. Die Terrinenform wieder herausnehmen und beiseitestellen. Die Ofenform mit dem Wasser auf die unterste Schiene in den Backofen geben. Den Ofen auf 180 °C Ober-/Unterhitze (160 °C Umluft) vorheizen.

2 Die Schalotten und den Knoblauch abziehen und würfeln. Zusammen mit dem Cognac und dem Zucker aufkochen. Bei niedriger Temperatur einkochen lassen. Die Gewürze in einer Pfanne ohne Fett anrösten, bis sie zu duften beginnen, anschließend im Mörser zerstoßen. Die Petersilie, den Thymian und den Rosmarin waschen, die Blätter bzw. Nadeln von den Stielen zupfen und grob hacken.

3 Den Schweinebauch und den -nacken in 3 cm breite Streifen schneiden. In einer Schüssel mit der Sahne und den Gewürzen mischen. Durch die grobe Scheibe des Fleischwolfs drehen. Die Schalotten-Cognac-Mischung, die Kräuter und die Eier zugeben. Alles gut vermischen und kräftig mit Salz, Pfeffer und frisch geriebener Muskatnuss abschmecken. Die Terrinenform überstehend mit Bacon auslegen, die Masse einfüllen und den Bacon darüber zusammenlegen. Mit den Lorbeerblättern belegen. Die Terrine abgedeckt im Wasserbad im Backofen 2 Stunden garen.

4 Anschließend herausnehmen, bei Zimmertemperatur abkühlen und im Kühlschrank 2 Tage durchziehen lassen. Zum Servieren in Scheiben schneiden. Cornichons, Dijonsenf und frisches Krustenbrot dazu reichen.

Tandoori Chicken & NAAN

Den Einflüssen der vielen Nationen, die New York für sich entdeckt haben, verdanken wir auch diese wunderbare Kombination aus Joghurt, Gewürzen und saftigem Hühnchen.

Für 4 Personen
Zubereitungszeit: 30 Minuten + über Nacht Marinieren | Garzeit: 25 Minuten

FÜR DAS TANDOORI CHICKEN
1 Knoblauchzehe
1 Stück Ingwer (2 cm)
2 EL Zitronensaft
4 Hähnchenbrustfilets
200 g Naturjoghurt
2 TL Paprikapulver edelsüß
1 TL Paprikapulver rosenscharf
1 TL gemahlene Kurkuma
1 TL gemahlene Koriandersamen
1 TL gemahlener Kreuzkümmel
½ TL gemahlener Zimt
30 g Butter

FÜR DIE SALSA
1 Babyananas oder ¼ Ananas
1 rote Zwiebel
1 Chilischote
1 Bund Koriander
Saft von 2 Limetten
3 EL Olivenöl
1 TL Salz
frisch gemahlener schwarzer Pfeffer

AUSSERDEM
4 Naan-Brote

1 Für das Tandoori Chicken den Knoblauch abziehen und den Ingwer schälen. Beides fein hacken. Die Hähnchenbrustfilets in jeweils drei bis vier Stücke schneiden und mit dem Knoblauch und Ingwer in eine Schüssel geben. Den Joghurt und die Gewürze hinzufügen und gründlich vermengen. In eine Dose oder einen verschließbaren Gefrierbeutel füllen und im Kühlschrank über Nacht marinieren.

2 Für die Salsa die Ananas schälen und den Strunk herausschneiden. Das Fruchtfleisch klein würfeln. Die Zwiebel abziehen und fein würfeln. Die Chilischote entkernen und hacken. Den Koriander waschen, trocken tupfen und die Blätter klein zerzupfen. Diese Zutaten für die Salsa mit dem Limettensaft und dem Olivenöl mischen. Mit Salz und Pfeffer würzen.

3 Den Backofen auf 230 °C Ober-/Unterhitze (210 °C Umluft) vorheizen. Eine Auflaufform mit Butter einfetten. Das marinierte Hähnchenfleisch in der Auflaufform verteilen und im vorgeheizten Backofen 25 Minuten garen.

4 Die Naan-Brote zum Schluss 1–2 Minuten mit im heißen Ofen aufbacken. Zum Anrichten das Tandoori Chicken mit der Salsa auf Tellern verteilen und das Naan-Brot dazu servieren.

So was findet man tatsächlich noch in Midtown Manhattan: das kleine Roger Smith Hotel, einen Familienbetrieb, und im 16. Stock die zugehörige Rooftop Bar, das Henry's.

HENRY'S ROOFTOP BAR

Midtown Manhattan

So was findet man tatsächlich noch in Midtown Manhattan: das kleine Roger Smith Hotel, einen Familienbetrieb, und im 16. Stock die zugehörige Rooftop Bar, das Henry's. Von hier aus hat man einen der besten Blicke auf die Wolkenkratzer der Stadt. In entspannter Atmosphäre schlürfen Gäste und New Yorker Seite an Seite fantastische Cocktails und genießen das großartige Bar Food. Hier ist der Winter noch Winter: Von November bis März ist das Henry's geschlossen, und im Frühjahr kann man es sich dann wieder an den Ziegelwänden bequem machen und die Sonne genießen.

▶ *staging.rogersmith.sphrcl.co/bars*

Die liebevoll gestaltete Karte ergänzt die weite Aussicht von der Terrasse in minimalistischem Design, während die große kupferakzentuierte Indoor-Lounge Ruhe vor Sonne und Wetter bietet.

THE CROWN

Manhattan

Die Dachbar & Lounge auf der 21. Etage des Hotels 50 Bowery bietet ihren Gästen einen der beeindruckendsten Ausblicke auf die Innenstadt von Manhattan, Brooklyn und sogar auf die weit entfernten Silhouetten von Queens und New Jersey. Zwei verschiedene Außenterrassen und mehrere Aussichtspunkte sind die optimale Voraussetzung, um hier alles mitzunehmen: inspirierte Cocktails und ein kleines Menü mit rotierenden, global inspirierten kleinen Häppchen. Die liebevoll gestaltete Karte ergänzt die weite Aussicht von der Terrasse in minimalistischem Design, während die große kupferakzentuierte Indoor-Lounge Ruhe vor Sonne und Wetter bietet. ▶ www.thecrownnyc.com

Chips and GUACAMOLE

Schneller haben Sie Ihre Gäste nie verführt. Denn die Guacamole ist nebenbei zubereitet, während sie schon die ersten Cocktails genießen.

Für 4 Personen
Zubereitungszeit: 15 Minuten

- 2 Avocados (Sorte Hass)
- 1 rote Zwiebel
- 1 Knoblauchzehe
- 2 Strauchtomaten
- Saft von 2 Limetten
- 2 EL Olivenöl
- Salz
- frisch gemahlener schwarzer Pfeffer
- ½ Bund Koriander
- 200 g Tortilla-Chips

1 Die Avocados halbieren, entkernen und das Fruchtfleisch mithilfe eines Esslöffels herausheben. Dieses würfeln. Die Zwiebeln und den Knoblauch abziehen und fein würfeln. Die Tomaten waschen, halbieren und den Stielansatz entfernen. Die Hälften würfeln. Die vorbereiteten Zutaten mit dem Limettensaft und dem Olivenöl in einer Schüssel vermischen und mit Salz und Pfeffer würzen.

2 Den Koriander waschen, trocken tupfen und die Blätter abzupfen. Die Guacamole mit Koriander bestreuen und mit den Tortilla Chips servieren.

TIPP Cremiger wird die Guacamole, wenn Sie das Fruchtfleisch einer Avocado mit einer Gabel zerdrücken und unter die übrigen Zutaten mischen.

Roasted Chickpeas with OLIVE OIL AND HERBS

Wieder steht da so ein Schüsselchen auf dem Tresen, von dem man einfach nicht die Finger lassen kann. Gebackene Kichererbsen sind der Hit, wenn es um Gewürzvielfalt geht, denn sie vertragen sich mit allem!

Für 4 Personen
Zubereitungszeit: 10 Minuten | Garzeit: 20 Minuten

1 Dose Kichererbsen (Abtropfgewicht 240 g)
4 Zweige Thymian
2 Stängel Oregano
1 Zweig Rosmarin
2 Knoblauchzehen
4 EL Olivenöl
Meersalzflocken

1 Den Backofen auf 200 °C Ober-/Unterhitze (180 °C Umluft) vorheizen. Die Kichererbsen in ein Sieb abgießen und gut abtropfen lassen. Die Kräuter waschen, trocken tupfen und die Blätter bzw. Nadeln hacken. Den Knoblauch abziehen und fein hacken.

2 In einer Schüssel die Kichererbsen mit den Kräutern, dem Knoblauch und dem Olivenöl mischen. Auf einem mit Backpapier ausgelegten Backblech verteilen. Im vorgeheizten Backofen 20 Minuten garen.

3 Die Kichererbsen mit Meersalzflocken bestreuen. Etwas abkühlen lassen und lauwarm oder kalt als Snack servieren.

GEWÜRZ-VARIANTEN

- 1 TL Korianderpulver, ½ TL gemahlener Zimt und 1 Prise gemahlene Nelken
- ½ TL Chiliflocken, 1 TL brauner Zucker, 1 EL Sojasauce

Wer durch die Aufzugtüren der angesagten Rooftop Bar tritt, bekommt einen unvergesslichen 360-Grad-Blick auf New York geschenkt.

SKY ROOM

Manhattan

Wer durch die Aufzugtüren der angesagten Rooftop Bar tritt, bekommt einen unvergesslichen 360 Grad Blick auf New York geschenkt. Im Angesicht des Empire State Buildings und Manhattan lassen sich Cocktails und Barfood besonders aufregend genießen. Das mit viel Geschmack ausgesuchte Design der Bar lockt die New Yorker nach der Arbeit in die Sonnenuntergangsstimmung und verführt einige zum Weiterfeiern. Vorher werden hier Japanese Highballs und Margaritas geschlürft. Dazu werden Pizza, Nachos und Co. serviert. Nicht umsonst ist die **SKY ROOM** Rooftop Bar einer der beliebtesten Spots nach Feierabend. ▶ *www.skyroomnyc.com*

»Fraglos eine der attraktivsten Rooftop Bars in New York.«

The New York Times

THE PRESS LOUNGE

Manhattan

Die »Press Lounge« findet sich auf dem Rooftop des Hotels »Ink48«. Sogar die New York Times lobte die spektakulären Blicke über die Dächer Manhattans und das New York Times Magazine kürte die »Press Lounge« im Jahr 2010 zur besten Rooftop Bar New Yorks. Bei Speisen und Getränken legt man hier Wert auf ein regionales und saisonales Angebot. Ein »Forager« (»Sammler«), ist jemand, der für die Bar und das dazugehörende Restaurant »Print« – im selben Haus, 16 Stockwerke tiefer gelegen – auf den Farmen und bei den Produzenten in der Region die Produkte ausfindig macht.

▶ *www.thepresslounge.com*

Summer Beet HUMMUS

Gemüsechips unbedingt ganz gleichmäßig schneiden, damit sie auch ebenso gleichmäßig backen und bräunen. Dafür eignen sich am besten eine Aufschnittmaschine oder ein sehr scharfer Hobel.

Für 2–4 Personen
Zubereitungszeit: 40 Minuten | Garzeit: 15–20 Minuten

FÜR DIE CHIPS

- 2 Karotten
- 1 Süßkartoffel
- 1 Kartoffel
- 3 EL Olivenöl

FÜR DAS HUMMUS

- 3 Karotten
- 1 EL Butter
- 2 Prisen Zucker
- Meersalzflocken
- 1 Knoblauchzehe
- 1 Zitrone
- 1 Dose Kichererbsen (Abtropfgewicht 240 g)
- 2 TL Tahin
- 1 TL gemahlene Kurkuma
- frisch gemahlener schwarzer Pfeffer
- etwas Olivenöl
- 1 TL Sesamsamen
- 1 TL Schwarzkümmelsamen
- 1 Zitrone, in Spalten geschnitten

1 Den Backofen auf 180 °C Ober-/Unterhitze (160 °C Umluft) vorheizen. Zwei bis drei Backbleche mit Backpapier auslegen. Das Gemüse gründlich waschen und mit einer Wurzelbürste säubern. Mit dem Sparschäler oder einem Gemüsehobel in hauchdünne Streifen bzw. Scheiben schneiden. Das Gemüse mit dem Olivenöl in einer Schüssel mischen. Gleichmäßig nebeneinander auf den vorbereiteten Backblechen verteilen. Im vorgeheizten Backofen nacheinander in etwa 15–20 Minuten goldbraun und knusprig backen. Dabei die Streifen einmal wenden.

2 Für das Hummus die Karotten waschen, schälen und klein schneiden. In einem Topf in der Butter anschwitzen. Mit Zucker und 2 Prisen Salz würzen, 50 ml Wasser angießen und abgedeckt etwa 5 Minuten garen. Den Knoblauch abziehen. Den Saft der Zitrone auspressen. Die Kichererbsen in ein Sieb abgießen und mit den Karotten, dem Knoblauch, dem Tahin und der Kurkuma fein pürieren. Mit Salz und Pfeffer würzen. Das Hummus in eine flache Schale verteilen, mit Olivenöl beträufeln, Sesam und Schwarzkümmel darüberstreuen und die Zitronenspalten anlegen.

3 Die Chips sind fertig, wenn sie nach dem Abkühlen kross werden. Sonst noch einige Minuten weiterbacken. Anschließend mit Meersalzflocken bestreuen und mit dem Hummus servieren.

TIPP Wenn es mal schnell gehen soll, das Hummus mit gekauften Gemüsechips servieren.

Watermelon CUCUMBER SALAD

Inzwischen schon ein Klassiker unter den Salaten. Kann man sich doch der Kombination aus saftigen Melonenwürfeln, säuerlichem Feta und würzig-scharfem Rucola kaum entziehen.

Für 4 Personen
Zubereitungszeit: 20 Minuten

FÜR DIE SANGRIA-VINAIGRETTE
50 ml milder Rotwein
Saft von 1 Orange
2 cl Orangenlikör
1 cl Gin
2 Schalotten
Saft von 2 Limetten
1 TL Honig
Salz
frisch gemahlener schwarzer Pfeffer
4 EL Olivenöl

FÜR DEN SALAT
1 kernlose Wassermelone (etwa 2 kg)
1 Salatgurke
150 g Feta
3 EL Sonnenblumenkerne
100 g Rucola

1 Für die Vinaigrette den Rotwein mit dem Orangensaft, dem Orangenlikör und dem Gin aufkochen und zum Abkühlen beiseitestellen. Die Schalotten abziehen, würfeln und mit dem Limettensaft, dem Honig, 2 Prisen Salz und etwas Pfeffer verrühren. Die abgekühlte Wein-Mischung und das Olivenöl dazugeben und verrühren.

2 Für den Salat die Wassermelone schälen und in 1–2 cm große Würfel schneiden. Die Salatgurke waschen, schälen und zusammen mit dem Feta ebenso würfeln. Die Salatzutaten mit der Vinaigrette in einer Schüssel mischen. Die Sonnenblumenkerne in einer Pfanne ohne Fett goldbraun rösten. Den Rucola waschen, trocken schütteln und verlesen.

3 Den Rucola und die gerösteten Sonnenblumenkerne über den Salat streuen und diesen sofort servieren.

Cinnamon Sugar CHURROS

Die süßen, knusprigen Gebäckstangen aus Spanien lieben es, in dunkler, warmer Schokoladensauce zu baden! Sie werden sie auch lieben, versprochen!

Für 4 Personen
Zubereitungszeit: 45 Minuten

FÜR DIE SCHOKOLADENSAUCE
100 g Zucker
1 Prise Salz
1 TL Vanilleextrakt
50 g Kakao

FÜR DIE CHURROS
50 g Butter
1 Prise Salz
30 g Zucker
200 g Weizenmehl Type 405
2 Eier (M)
neutrales Pflanzenöl zum Frittieren

AUSSERDEM
2 EL feinster Zucker
2 TL gemahlener Zimt
4 Kugeln Vanilleeis

1 Für die Schokoladensauce den Zucker mit 100 ml Wasser, dem Salz und dem Vanilleextrakt aufkochen. 2 Minuten köcheln lassen. Den Kakao zugeben und glatt rühren. Weitere 2–3 Minuten bei niedriger Temperatur köcheln lassen. Umfüllen und abkühlen lassen.

2 Für die Churros in einem Topf 300 ml Wasser mit Butter, Salz und Zucker aufkochen. Das Mehl zugeben und rasch mit einem Holzlöffel unterarbeiten. Die Masse bei mittlerer Temperatur unter Rühren abbrennen, bis ein weißer Belag am Topfboden entstanden ist. Den Teig etwa 3 Minuten zum Abkühlen beiseitestellen. Anschließend die Eier einzeln unterrühren, bis eine seidig glatte Masse entstanden ist.

3 Das Öl in einem Topf 3–4 cm hoch einfüllen und auf etwa 160–170 °C erhitzen. Die Masse in einen Spritzbeutel mit großer Sterntülle füllen. Etwa vier bis fünf Streifen (10 cm lang) direkt ins heiße Fett spritzen. Den Teig mit einem Messer an der Tülle abschneiden. Die Churros von beiden Seiten goldbraun backen. Mit einer Schaumkelle aus dem Fett heben und auf Küchenpapier abtropfen lassen. Die gesamte Masse wie beschrieben ausbacken.

4 Den Zucker mit dem Zimt mischen und die noch heißen Churros darin wenden. Die Churros mit der Schokoladensauce und dem Eis servieren.

THE CANTOR ROOF GARDEN BAR

Upper East Side / Manhattan

Auf dem Dach des Metropolitan Museum of Art befindet sich The Cantor Roof Garden Bar. Von Mitte April bis Oktober können die Gäste hier mit Blick auf die Skyline von Manhattan und umgeben von modernen Stillleben, leckere Cocktails und leichte Gerichte genießen. Dabei sind die liebevoll zubereiteten Sandwiches ebenso bodenständig, wie die sorgfältig ausgesuchte Auswahl an Spirituosen, Ciders und hausgemachten Limonaden. Eine sympathische Bar, die für den Feierabend den Blick auf einen Hauch Natur mitten in New York freimacht und tolle Drinks und leckere Gerichte in einer künstlerischen Atmosphäre verspricht. ▶ *www.metmuseum.org/visit/dining*

Auf dem Dach des Metropolitan Museum of Art befindet sich The Cantor Roof Garden Bar. Von Mitte April bis Oktober können die Gäste hier mit Blick auf die Skyline von Manhattan und umgeben von modernen Stillleben, leckere Cocktails und leichte Gerichte genießen.

Chicken & Kale
CAESAR SALAD

Servieren Sie diese Variante des »Caesars Salads« auch einmal mit anderen Kohlsorten. Auch Grünkohl und Spitzkohl passen wunderbar zum cremigen Caesar-Dressing.

Für 4 Personen
Zubereitungszeit: 30 Minuten

FÜR DEN SALAT
250 g Rotkohl
1 kleiner Radicchio
2 Hähnchenbrustfilets
Salz
frisch gemahlener schwarzer Pfeffer
2 EL Olivenöl
150 g Kirschtomaten

FÜR DAS DRESSING
1 Knoblauchzehe
3 in Öl eingelegte Sardellen
1 TL Kapern
1 TL Dijonsenf
100 g saure Sahne
80 ml neutrales Pflanzenöl
Salz
frisch gemahlener schwarzer Pfeffer
1 Prise Zucker
Saft von ½ Zitrone
40 g Parmesan, frisch gerieben plus etwas mehr zum Hobeln

1 Für den Salat den Rotkohl putzen, waschen und die dicken Blattrippen entfernen. Den Radicchio putzen, Strunk entfernen und zusammen mit dem Rotkohl klein schneiden. Die Hähnchenbrustfilets mit Salz und Pfeffer würzen. Das Olivenöl in einer Pfanne erhitzen und die Filets darin von beiden Seiten scharf anbraten. Bei mittlerer Temperatur 5–8 Minuten (je nach Dicke) fertig garen. Die Kirschtomaten waschen, halbieren und zum Fleisch in die Pfanne geben. Darin 1–2 Minuten miterhitzen.

2 Für das Dressing den Knoblauch abziehen und zusammen mit den Sardellen, den Kapern, dem Senf und der sauren Sahne in einen hohen Mixbecher geben. Mit dem Mixstab pürieren. Das Öl in einem dünnen Strahl zugeben und sämig mixen. Mit Salz, Pfeffer, Zucker und Zitronensaft würzen und den geriebenen Parmesan unterrühren.

3 Die Hähnchenbrust in Scheiben schneiden. Den Salat mit der Hähnchenbrust und den Tomaten anrichten. Das Dressing darüberträufeln und mit frisch gehobeltem Parmesan bestreut servieren.

TIPP Besonders lecker: Geröstetes Baguette dazu reichen!

Auf einer Seite erinnert die Ausstattung an eine elegante Gartenparty, auf der anderen erinnert sie ein wenig an einen antiken Rummelplatz, eine Anzahl von Sitzen dreht sich ganz langsam, wie ein altes Karussell.

MAGIC HOUR ROOFTOP BAR & LOUNGE

Midtown Manhattan

Eine der größten Rooftop Bars in Midtown, gelegen im 18. Stock des Moxy Hotels. Im Innenraum gibt es einen in warmen Farben gehaltenen Sitzbereich mit Plastiken von tropischen Tieren und eine Lounge, die in ihrer Einrichtung den typisch großstädtisch-urbanen Flair New Yorks widerspiegelt. Die Dachterrasse bietet einen besonders schönen Blick aufs Empire State Building. Auf einer Seite erinnert die Ausstattung an eine elegante Gartenparty, auf der anderen erinnert sie ein wenig an einen antiken Rummelplatz, eine Anzahl von Sitzen dreht sich ganz langsam, wie ein altes Karussell, auch die Bar wird von einem karussellartigen Schirm überspannt, außerdem gibt es einen kleinen Minigolfplatz.

▶ *www.moxy-hotels.marriott.com/nyc/timessquare/dining/magic-hour-rooftop-bar-lounge*

Cheese Quesadillas and CHIPOTLE CORN SALSA

Was wäre ein Abend ohne Quesadillas? Nur ein Anfang …
Also schnell in die Küche und mixen Sie nebenbei einen Susanita
(siehe Seite 169).

Für 4 Personen
Zubereitungszeit: 30 Minuten

FÜR DIE SALSA
1 rote Zwiebel
1 Bund Koriander
2 grüne Chilischoten
1 Dose Mais
(Abtropfgewicht etwa 150 g)
Saft von 2 Limetten
3 EL Olivenöl
Salz
frisch gemahlener schwarzer Pfeffer

FÜR DIE QUESADILLAS
2 rote Paprikaschoten
1 Bund Lauchzwiebeln
4 EL eingelegte Jalapeños
400 g geraspelter Käse
(Mischung aus Mozzarella, Emmentaler und Gouda)
16 Weizentortillas

1 Für die Salsa die Zwiebel abziehen und würfeln. Den Koriander waschen, trocken tupfen und die Blätter abzupfen. Die Chilischoten halbieren, entkernen und die Hälften hacken. In einer Schüssel Zwiebel, Koriander, Chilis, Mais, Limettensaft und Olivenöl verrühren. Mit Salz und Pfeffer würzen.

2 Für die Quesadillas die Paprikaschoten waschen, entkernen und das Fruchtfleisch würfeln. Die Lauchzwiebeln putzen, waschen und klein schneiden. Jalapeños klein hacken. Paprika, Lauchzwiebeln, Jalapeños und Käse in einer Schüssel mischen. Acht Weizentortillas mit der Mischung bestreuen. Mit den übrigen Tortillas bedecken und andrücken. Die Tortillas in einer oder mehreren heißen Pfanne(n) 1–2 Minuten von jeder Seite braten.

3 Die Quesadillas auf ein Brett geben, vierteln und mit der Salsa servieren.

Deviled EGGS

Wer hätte das gedacht? Ein Revival der gefüllten Eier.
Mit Kurkuma gefärbt und süß-scharfem Mango-Chutney gefüllt sagen wir »Willkommen im neuen Jahrtausend«.

Für 4 Personen
Zubereitungszeit: 25 Minuten + über Nacht Ziehen

8 Eier (Zimmertemperatur)
2 TL gemahlene Kurkuma
1 EL Mayonnaise
2 TL scharfes Mango-Chutney
Saft von ½ Limette
Meersalzflocken
Cayennepfeffer
frisch gemahlener schwarzer Pfeffer
1–2 EL Olivenöl

1 Die Eier in 8 Minuten hart kochen. Aus dem Wasser nehmen, auf ein Küchentuch legen und die Schale behutsam anschlagen, sodass sie bricht, aber noch am Ei bleibt. Die Kurkuma ins Kochwasser rühren, die Eier wieder hineinlegen und über Nacht darin abkühlen und durchziehen lassen.

2 Am nächsten Tag die Eier pellen und längs halbieren. Das Eigelb vorsichtig aus dem Hälften heben und in einer Schüssel mit Mayonnaise, Chutney und Limettensaft glatt rühren. Mit Salz und Cayennepfeffer würzen. Die Masse in die ausgehölten Eihälften füllen und mit Salzflocken und Pfeffer bestreuen.

3 Das Olivenöl über die Eier träufeln und diese servieren.

Boozy CUPCAKES

Sie sind eine Sünde wert. Saftig mit Alkohol getränkt, da könnte man sich den Cocktail sparen. Finde ich nicht. Man kann ja den Cupcake ganz zuletzt essen.

Für 12 Cupcakes
Zubereitungszeit: etwa 40 Minuten + 30 Minuten Ruhen | Backzeit: 18–20 Minuten

FÜR DIE MUFFINS
120 g weiche Butter
120 g brauner Zucker
1 Prise Salz
2 Eier
120 ml Milch plus etwas mehr
1 TL Vanilleextrakt
210 g Weizenmehl Type 405
1 TL Backpulver
½ TL Natron
10 g Kakao

FÜR DEN SIRUP
75 g Zucker
3 cl brauner Rum
3 cl Bourbon

FÜR DAS TOPPING
100 g Crème fraîche
200 g süße Sahne
50 g Puderzucker
100 g Himbeeren
50 g Zartbitterschokolade (aus dem Kühlschrank), geraspelt

1 Den Backofen auf 180 °C Ober-/Unterhitze (160 °C Umluft) vorheizen. Die Mulden eines Muffinblechs mit Papierförmchen auslegen.

2 In einer Schüssel die Butter mit dem Zucker und dem Salz cremig quirlen. Eier, Milch und Vanilleextrakt zugeben und unterschlagen. Das Mehl mit Backpulver und Natron mischen und zu den feuchten Zutaten geben. Kurz unterschlagen und die Hälfte der Masse in sechs Papierförmchen füllen. Zur übrigen Masse den Kakao sieben und zusammen mit 1 EL Milch unterrühren. In die anderen sechs Förmchen füllen. Die Muffins im vorgeheizten Backofen 18–20 Minuten backen.

3 In der Zwischenzeit für den Sirup den Zucker in einem Topf mit 75 ml Wasser zum Kochen bringen und 2 Minuten köcheln lassen. Beiseitestellen und etwas abkühlen lassen.

4 Für das Topping in einer Schüssel die Crème fraîche mit der Sahne und dem Puderzucker steif schlagen. In einen Spritzbeutel mit großer Lochtülle füllen und kalt stellen.

5 Die Muffins mehrfach mit einem Holzspieß einstechen und 5 Minuten abkühlen lassen. Die Hälfte des Zuckersirups mit dem Rum, die andere Hälfte mit dem Bourbon mischen. Die hellen Cupcakes noch warm mit der Rum-Mischung tränken. Die dunklen Cupcakes mit der Bourbon-Mischung tränken. 30 Minuten bei Zimmertemperatur ruhen lassen.

6 Zum Anrichten die Creme auf die Cupcakes spritzen. Jeweils die Hälfte mit Himbeeren und Schokoladenraspeln garnieren.

Tagsüber findet man hier vor allem Leute, die in der Nähe arbeiten und in ihrer Pause das Mittagsmenü genießen. Zum Abend hin kommt anderes Publikum, und es sind vor allem Cocktails gefragt.

REFINERY ROOFTOP

Midtown Manhattan

Die Refinery Rooftop Bar, klein und gemütlich im urbanen Chic, liegt in Midtown in der Nähe des Bryant Parks im 13. Stock des Refinery Hotels und bietet beeindruckende Ausblicke auf die Skyline von Manhattan und das Empire State Building. Tagsüber findet man hier vor allem Leute, die in der Nähe arbeiten und in ihrer Pause das Mittagsmenü genießen. Zum Abend hin kommt anderes Publikum, und es sind vor allem Cocktails gefragt, fast ausschließlich aus natürlichen Bestandteilen zubereitet, die auf überraschend erfrischende Weise miteinander kombiniert werden.

▶ *www.refineryrooftop.com*

Maker's
Mark

Spicy SHISHITOS

Shishitos sind die asiatische, leicht süßliche Variante der Pimientos de Padrón. Beide Sorten eignen sich wunderbar für dieses Rezept. Reisessig und Chili geben die perfekte Würze.

Für 4 Personen
Zubereitungszeit: 15 Minuten

1 Stück Ingwer (2 cm)
400 g Shishito-Paprikaschoten (alternativ Pimientos de Padrón)
3 EL Olivenöl
2 TL Honig
2 TL Meersalzflocken
1 TL Chiliflocken
2 EL Reisessig

1 Den Ingwer schälen und fein reiben. Die Shishitos waschen und trocken tupfen. Eine große Pfanne erhitzen, Olivenöl zugeben und die Shishitos darin bei hoher Temperatur etwa 2 Minuten scharf anbraten. Den Ingwer, den Honig, die Salzflocken, die Chiliflocken und den Reisessig zufügen und unterschwenken.

2 Die Shishitos etwas abkühlen lassen und servieren.

Roasted Mushroom FLATBREAD

»Flatbread« bedeutet Fladenbrot. Hier wird eher eine Pizza daraus – Napoli goes New York. Sozusagen. Reichhaltig belegt ist dieser Snack ein guter Start ins Nachtleben.

Für 4 Personen
Zubereitungszeit: 30 Minuten + 1 Stunde 15 Minuten Gehen | Backzeit: 15 Minuten pro Blech

FÜR DEN TEIG
150 g Weizenmehl Type 550 plus mehr zum Arbeiten
100 g Hartweizengrieß
1 TL Salz
1 Pck. Trockenhefe
2 EL Olivenöl

AUSSERDEM
5 Schalotten
2 EL Butter
2 TL brauner Zucker
Meersalzflocken
frisch gemahlener schwarzer Pfeffer
300 g Champignons
200 g Appenzeller
200 g Schmand
2 Schalen Gartenkresse
50 g geröstete Haselnüsse, gehackt

1 Für den Teig das Mehl mit Hartweizengrieß, Salz und Trockenhefe in einer Schüssel mischen. Das Olivenöl und 150 ml lauwarmes Wasser hinzufügen und alles zu einem glatten, elastischen Teig verkneten. Abgedeckt 1 Stunde an einem warmen Ort gehen lassen.

2 Inzwischen die Schalotten abziehen und in Ringe schneiden. In der geschmolzenen Butter mit dem Zucker anschwitzen. In 5 Minuten goldbraun schmoren und mit Salz und Pfeffer würzen. Die Champignons trocken abreiben und putzen. In dünne Scheiben schneiden. Den Appenzeller grob raspeln.

3 Den Backofen auf 230 °C Ober-/Unterhitze (210 °C Umluft) vorheizen. Den Teig auf der bemehlten Arbeitsfläche in acht gleich große Stücke teilen und zu 1–2 cm dicken Fladen ausrollen. Auf zwei mit Backpapier ausgelegte Backbleche verteilen und 15 Minuten gehen lassen. Den Schmand auf dem Teig verstreichen. Den Appenzeller, die Champignons und die Schalotten darauf verteilen. Im vorgeheizten Backofen auf der untersten Schiene nacheinander 15 Minuten backen.

4 Die Flatbreads aus dem Ofen nehmen, mit Gartenkresse und Haselnüssen bestreuen und in Stücke schneiden. Mit Meersalz sowie frisch gemahlenem schwarzen Pfeffer würzen und heiß servieren.

THE DRINKS

Alle Rezepte sind jeweils für einen Cocktail.

Spicy Mexican CHOCOLATE TRUFFLE

Ein Drink, der die wichtigsten Aromen Mexikos in sich vereint. Dunkle Schokolade und Chili treffen hier auf feurigen Tequila. Vergessen Sie das Fleur de sel nicht, es macht das Aroma besonders.

4,5 cl Mezcal
4,5 cl Tanteo Chipotle Tequila
4,5 cl dunkle Schokoladensauce
Eiswürfel
Fleur de Sel
rote Thai-Chilischote

Den Mezcal, den Tequila und die Schokoladensauce im Shaker auf Eis schütteln, bis die Flüssigkeiten gut gekühlt sind. Durch den Strainer in einen Tumbler mit Eis gießen. Mit 1 Prise Fleur de Sel bestreuen und mit der Chilischote garnieren.

Legal IN VERMONT

Basilikum, Orange Bitter und Zimteis. Diese Kombination ist so fantastisch, dass man zum »Dankesagen« dafür eigentlich in die Bar »Jimmy« nach New York reisen müsste. Oder einfach selbst machen.

2 Stängel violettes Basilikum
6 cl Hudson Baby Bourbon
1,5 cl Ahornsirup
1 Dash Zimtsirup
1 Dash Orange Bitter
Eiswürfel
1 Kugel Zimteis
(am besten mit einem Stück Zimtrinde in der Mitte eingefroren)

Einen Tumbler einfrieren. Eine schöne Spitze Basilikum zum Garnieren beiseitelegen. Das übrige Basilikum mit Bourbon, Ahornsirup, Zimtsirup und Orange Bitter in den Cocktailshaker mit Eis geben. Kräftig schütteln. Das Zimteis in den Tumbler geben. Den Cocktail durch den Strainer in das Glas gießen und mit dem Basilikum garnieren.

Ambassador **SWIZZLE**

Ein Drink-Rezept aus dem »Jimmy« (siehe Seite 98–99).
Die Limette verleiht dem hochprozentigen Ambassador Swizzle die nötige Frische.

3 cl Suntory Japanese Whisky
3 cl Laird's Bonded Apple Brandy
3 cl Amaretto
3 Dashes Angostura Bitter
Eiswürfel
1 unbehandelte Limettenscheibe

Den Whisky, den Brandy, den Amaretto und den Angostura in einen Shaker auf Eis geben und schütteln, bis die Flüssigkeiten kalt sind. Durch den Strainer in ein Glas mit Eiswürfeln abgießen und mit der Limettenscheibe servieren.

MOJITO

Kaum ein Klassiker ist weltweit so geschätzt und viel getrunken. Die Kombination aus Minze und Limette ist eben »mainstream«, aber zum Glück nicht »old school«.

½ unbehandelte Limette, in Spalten geschnitten
2 Stängel Minze
0,75 cl Zuckersirup
Eiswürfel
6 cl Bacardi Rum
0,75 cl Limettensaft
0,75 cl Sodawasser

Die Limettenstücke mit der Minze und dem Zuckersirup in einem Cocktailglas mithilfe eines Stößels andrücken. Mit Eiswürfeln auffüllen. Den Rum, den Limettensaft und das Sodawasser aufgießen und verrühren.

SUSANITA

Ein erfrischender Drink, von dem man sich auch gern einen zweiten genehmigen darf. Was für eine Farbe! Am besten schmeckt er natürlich in »Henry's Rooftop Bar« (siehe Seite 118–119).

6 cl Tequila
3 cl Limettensaft
0,75 cl Pink-Grapefruit-Saft
0,75 cl Zuckersirup
Eiswürfel

Den Tequila, den Limettensaft, den Grapefruitsaft und den Zuckersirup im Shaker auf Eis kräftig schütteln. In ein Cocktailglas auf Eis abseihen und servieren.

Old FASHIONED

Dieser klassische Shortdrink aus dem 19. Jahrhundert ist auch mit Rum, Brandy oder Tequila zu finden. Die Zitronenzeste darf nicht fehlen. Man kann sie leicht anknicken, so können die ätherischen Öle besser entweichen.

2 cl Bourbon
2 Spritzer Angosturabitter
1 Zuckerwürfel
Eiswürfel
Sodawasser zum Aufgießen
1 unbehandelte Zitronenzeste

Den Bourbon mit Angostura und Zucker in einem Cocktailglas verrühren. Eiswürfel zugeben und mit Sodawasser aufgießen. Mit einer Zitronenzeste servieren.

AMERICANO

Der Americano ist *der* Klassiker unter den Aperitifs, er darf auf keiner Cocktailkarte fehlen. Trotz der fruchtigen Note nicht ausschließlich ein Damengetränk. Die Bitternote im Campari hat zu Recht viele Fans.

3 cl roter Wermut
3 cl Campari
Eiswürfel
2 cl Sodawasser, gekühlt (nach Belieben)
1 unbehandelte Orangenscheibe

Den Wermut und den Campari in ein Cocktailglas auf Eiswürfel gießen. Nach Belieben mit Sodawasser aufgießen und mit einer Orangenscheibe garnieren.

COSMOPOLITAN

Kaum jemand weiß, dass es ihn schon seit den 1920er-Jahren gibt. Die modernen Interpretationen aus den 1990er-Jahren sind erfrischend und stehen dem Original in nichts nach.

5 cl Wodka mit Zitronenaroma
1 cl Triple Sec
1 cl Limettensaft
2 cl Cranberrysaft
Eiswürfel
1 unbehandelte Limettenscheibe

Ein Martiniglas einfrieren. Alle Zutaten bis auf die Limette im Shaker kräftig schütteln. Durch den Strainer in das Martiniglas gießen und mit der Limettenscheibe garnieren.

Angel **FACE**

Seinen Namen verdankt dieser Drink vermutlich dem Detroiter Mobster Abe Kaminsky, den man auch »Angel Face« nannte. Mit seiner Mischung aus drei Spirituosen hat es der Drink (das »Engelsgesicht«) ganz schön in sich.

3 cl Gin
3 cl Apricot Brandy
3 cl Calvados
Eiswürfel

Eine Cocktailschale einfrieren. Gin, Apricot Brandy und Calvados im Shaker auf Eis kräftig schütteln. In das gekühlte Glas abseihen und servieren.

Manhattan **PERFECT**

Den Manhattan, der wohl im »Manhattan Club« erfunden wurde, gibt es in zahllosen Variationen, so vielfältig wie der Stadtteil selbst …
Er ist ein typischer »Before Dinner Cocktail« – stark, herb und aromatisch.

4 cm Rye Whiskey
1 cl roter Wermut
1 cl trockener Wermut
2 Dashes Angostura Bitter
Eiswürfel
1 unbehandelte Orangenzeste

Den Rye Whiskey, beide Wermut-Sorten und den Angostura Bitter im Shaker auf Eis verrühren. Durch den Strainer in ein Martiniglas abgießen und mit einer Orangenzeste garnieren.

Earl Grey **MARTEANI**

Tee zum Abend? Das Bergamotte-Aroma des Earl-Grey-Tees aromatisiert den Gin auf höchst anmutige Weise, ohne ihn zu überdecken. Unbedingt ausprobieren.

1 TL Earl-Grey-Teeblätter
5 cl Gin
2 cl Zitronensaft
2 cl Zuckersirup
1,5 cl Eiweiß
Eiswürfel
1 unbehandelte Zitronenzeste

Ein Martiniglas einfrieren. Die Teeblätter im Gin ziehen lassen, bis der Gin eine dunkle Farbe angenommen hat. Die Tee-Infusion abseihen und mit dem Gin, dem Zitronensaft, dem Zuckersirup und dem Eiweiß im Shaker auf Eis kräftig schütteln. Durch den Strainer in das Glas füllen und mit der Zitronenzeste garnieren.

White **LADY**

Die White Lady ist ein Klassiker aus der Gruppe der Sours. Der Name sagt alles: Elegant, zurückhaltend und edel. Statt Triple Sec kann man auch Cointreau verwenden.

4 cl Gin
2 cl Triple Sec
2 cl Zitronensaft
2 cl Eiweiß
Eiswürfel
1 unbehandelte Zitronenscheibe

Ein Cocktailglas einfrieren. Den Gin, den Triple Sec, den Zitronensaft und das Eiweiß im Shaker kurz kräftig schütteln. Eiswürfel zugeben und nochmals kräftig schütteln. Den Cocktail in das gekühlte Glas abseihen und mit der Zitronenscheiben garnieren.

Bloody MARY

Wie bei so vielen klassischen Cocktails ist man sich auch bei der Bloody Mary nicht einig, wer sie erfunden hat. So viel ist sicher, sie soll gegen den Kater helfen. Wer weiß?

6 cl Wodka
12 cl Tomatensaft
1 Sange Bleichsellerie
frisch gemahlener schwarzer Pfeffer (nach Belieben)
Salz (nach Belieben)
Tabasco (nach Belieben)

Den Wodka mit dem Tomatensaft in einem Longdrinkglas verrühren und mit der Selleriestange garnieren. Nach Belieben mit Pfeffer, Salz oder Tabasco würzen.

PORTONIC

Mixt man Port und Tonic, so entsteht ein Portonic. Er ist eine überaus gelungene Mischung aus Frische und Süße. Hervorragend im Sommer über den Dächern New Yorks …

5 cl weißer Portwein (extra dry)
10 cl Tonic Water
1 unbehandelte Zitronenscheibe
Eiswürfel
1 Stängel Minze

Den Portwein, das Tonic Water und die Zitronenscheibe mit zwei bis drei Eiswürfeln in einem Tumbler verrühren. Mit der Minze garnieren.

REGISTER

VITA

Susann Kreihe (Jahrgang 1981, geboren in Meerane, Sachsen) ist ausgebildete Köchin. Nach Abschluss dieser Ausbildung schloss sie an der Hotel- und Tourismusfachschule Marburg ein Studium mit dem Diplom als Betriebswirtin ab. Von 2006 bis 2009 arbeitete sie als Johann Lafers Assistentin im »Table d'Or« und war im Team diverser ZDF-Kochshows tätig – darunter »Lanz kocht«, »Lafer! Lichter! Lecker!«, »Topfgeldjäger« und »Die Küchenschlacht«. Seit 2009 arbeitet sie als freie Rezeptautorin und Foodstylistin.

Mitmachen & mitreden – gemeinsam mit uns Koch- und Ernährungsbücher gestalten! Für Sie ist Kochen viel mehr als nur Zubereitung von Nahrung? Kochen ist Ihre Leidenschaft? Dann haben wir für Sie unser neues Christian Verlag-Kundenpanel Koch- und Ernährungsbuch gefunden. Machen Sie mit:

http://christian-verlag.de/kundenpanel

IMPRESSUM

Produktmanagement: Sonya Mayer
Umschlaggestaltung: A flock of sheep, unter Verwendung einer Fotografie von Ophelia © 2018 Ophelia, Merchants Hospitality, Inc. / Liz Clayman
Layoutgestaltung: Kathi Rogg
Layout: Silke Schüler
Redaktion: Franziska Sorgenfrei
Korrektur: Martin Thorn
Repro: LUDWIG:media
Herstellung: Anna Katavic

Text & Rezepte: Susann Kreihe
Foodfotografie: Amalija Andersone
Schmuckfotos: siehe Bildnachweis unten

Printed in Slovakia by Neografia

★★★★★

Sind Sie mit diesem Titel zufrieden? Dann würden wir uns über Ihre Weiterempfehlung freuen. Erzählen Sie es im Freundeskreis, berichten Sie Ihrem Buchhändler oder bewerten Sie bei Onlinekauf. Und wenn Sie Kritik, Korrekturen, Aktualisierungen haben, freuen wir uns über Ihre Nachricht an:
Christian Verlag, Postfach 40 02 09, D-80702 München oder per E-Mail an lektorat@verlagshaus.de.

Unser komplettes Programm finden Sie unter:
www.christian-verlag.de

Die Deutsche Nationalbibliothek verzeichnet diese Publikation in der Deutschen Nationalbibliografie; detaillierte bibliografische Daten sind im Internet über http://dnb.d-nb.de abrufbar.

ISBN 978-3-95961-292-0

BILDNACHWEIS

Amalija Andersone: Seite 19, 25, 27, 31, 33, 41, 43, 45, 51, 53, 59, 61, 63, 67, 69, 71, 81, 83, 85, 87, 93, 95, 97, 103, 105, 111, 113, 115, 117, 125, 127, 135, 137, 139, 143, 149, 151, 153, 159, 161, 168, 169, 171, 175, 177, 179, 181, 182, 183, 185
Seite 4 (links oben): © The Heights at Arlo Nomad; Seite 4 (rechts oben): © 2018 Ophelia, Merchants Hospitality, Inc. / Liz Clayman; Seite 4 (Mitte): © Jimmy at The James; Seite 4 (links unten): © Jimmy at The James; Seite 4 (rechts unten): © Gerber Group / Mr. Purple / Noah Fecks; Seite 5: © Jimmy at The James; Seite 6: © Magic Hour; Seite 10: © The Crown; Seite 11: © The Heights at Arlo Nomad; Seite 14 (alle): © Cloud Social / Jordan Rathkopf; Seite 15: shutterstock / travelview; Seite 16–17: shutterstock / Marianna Janovska; Seite 20: shutterstock / Kamira; Seite 21 (oben): shutterstock / Pabkov; Seite 21 (unten): shutterstock / lazyllama; Seite 22 (alle): © Good Behavior / Noah Fecks; Seite 23: © Good Behavior / Noah Fecks; Seite 34 (alle): © The Heights at Arlo Nomad; Seite 35: © The Heights at Arlo Nomad; Seite 36–37: © The Heights at Arlo Nomad; Seite 38–39: © The Heights at Arlo Nomad; Seite 46 (rechts oben): © The Roof / Noah Fecks; Seite 46 (alle außer oben rechts): © Gerber Group / The Roof; Seite 47: © Gerber Group / The Roof; Seite 48–49: © The Roof / Noah Fecks; Seite 54 (oben): © Westlight / Andrew Boyle; Seite 54 (Mitte): © Westlight / Noah Fecks; Seite 54 (links unten): © Westlight / Noah Fecks; Seite 54 (rechts unten): © Westlight / Andrew Boyle; Seite 55: © Westlight / Noah Fecks; Seite 56–57: © Westlight / Noah Fecks; Seite 72 (alle): © Monarch / Oleg March / marchphoto; Seite 73: © Monarch / Oleg March / marchphoto; Seite 74–75: © Monarch / Oleg March / marchphoto; Seite 76: (alle außer rechts Mitte): © 2018 Ophelia, Merchants Hospitality, Inc. / Liz Clayman; Seite 77 (rechts Mitte): © 2018 Ophelia, Merchants Hospitality, Inc.; Seite 77: © 2018 Ophelia, Merchants Hospitality, Inc.; Seite 78/79: © 2018 Ophelia, Merchants Hospitality, Inc. / Liz Clayman; Seite 88 (links oben): © Gerber Group / Mr. Purple / Noah Fecks; Seite 88 (links unten): © Gerber Group / Mr. Purple; Seite 88 (rechts unten):): © Gerber Group / Mr. Purple / Chris Sanders 2015; Seite 88–89: © Gerber Group / Mr. Purple; Seite 90–91: © Gerber Group / Mr. Purple / Noah Fecks; Seite 98 (alle): © Jimmy at The James; Seite 99: © Jimmy at The James; Seite 100/101: © Jimmy at The James; Seite 106 (alle): © The Ides / Williams, Matthew (NY); Seite 107: © The Ides / Williams, Matthew (NY); Seite 118 (alle): © Henry's Rooftop Bar; Seite 119: © Henry's Rooftop Bar; Seite 120–121: © Henry's Rooftop Bar; Seite 122 (alle): © The Crown; Seite 128–129: shutterstock / Mihai Simonia; Seite 130 (ganz oben, Mitte links, unten links): © The Press Lounge / Emily diRenzo; Seite 130 (Mitte rechts, unten rechts): © The Press Lounge / Kris Tamburello; Seite 131: © The Press Lounge / Kris Tamburello; Seite 132–133: © shutterstock.com/IM_photo; Seite 140: shutterstock / Anton Havelaa; Seite 141 (oben): shutterstock / Susanne Pommer; Seite 141 (unten): shutterstock / Page Light Studios; Seite 144 (links oben, links unten, rechts unten): © Magic Hour; Seite 144–145 (großes Bild): © Magic Hour / Warren Jagger; Seite 146–147: © Magic Hour; Seite 154 (oben): © Refinery / Nicole Pereira Photography; Seite 154 (unten): © Refinery; Seite 155: © Refinery; Seite 156: © Refinery; Seite 157 (oben): © Refinery; Seite 157 (unten): © Refinery / Andrew Kist; Seite 165: Jimmy at the James / @FOHNYC; Seite 166: Jimmy at the James / @FOHNYC; Seite 167: Jimmy at the James / © FOHNYC; Seite 173: © 2018 Ophelia, Merchants Hospitality, Inc. / Liz Clayman; Seite 188–189: shutterstock / sdecoret

Ebenfalls erhältlich ...

ISBN 978-3-95961-248-7

ISBN 978-3-86244-382-6

ISBN 978-3-95961-014-8

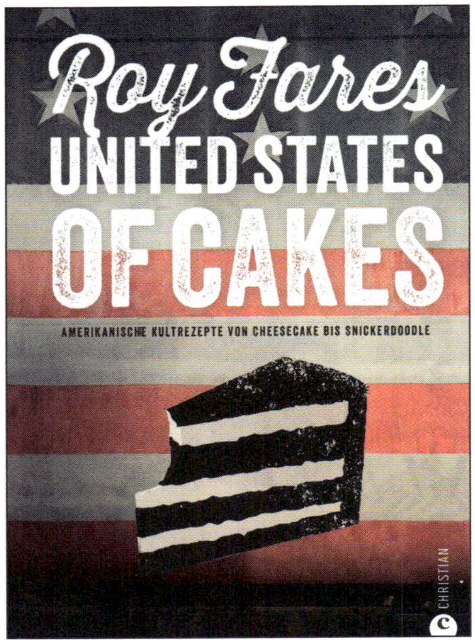

ISBN 978-3-86244-674-2

CHRISTIAN

www.christian-verlag.de